Vorsatz 1
Blanko

Du willst die Welt verändern?

Würdige die Mütter & Väter, die neue
Menschen in die Welt tragen!

Ratgeberroman

WehenSchätze

Eine würdige Mutterreise voller Weiberwissen und Fürsorge rund um die Geburt

Ute Richter

DIE MÜTTERFÜRSORGERIN

www.muetterfuersorge.de

Hinweis

In diesem Buch werden Themen rund um die Geburt behandelt, die für einige Leserinnen emotional belastend oder retraumatisierend sein können. Ich bin keine Hebamme, keine Therapeutin oder medizinische Fachkraft und empfehle, bei Bedarf professionelle Unterstützung in Anspruch zu nehmen. Bitte achte auf dein Wohlbefinden und fühle dich frei, Passagen zu überspringen, die dir unangenehm sind.

Impressum

Bibliografische Information der Deutschen Nationalbibliothek: Die Deutsche Nationalbibliothek verzeichnet diese Publikation in der Deutschen Nationalbibliografie; detaillierte bibliografische Daten sind im Internet über dnb.dnb.de abrufbar. Die automatisierte Analyse des Werkes, um daraus Informationen insbesondere über Muster, Trends und Korrelationen gemäß §44b UrhG („Text und Data Mining") zu gewinnen, ist untersagt.

© 2024 Ute Richter, Dresden 2024

Lektorat: Alexandra H. Meier
Umschlaggestaltung, Illustration, Layout und Satz:
Claudia Korsten-Ring
Verlag: BoD · Books on Demand GmbH, In de Tarpen 42, 22848 Norderstedt
Druck: Libri Plureos GmbH, Friedensallee 273, 22763 Hamburg
ISBN: 978-3-7693-1918-7

www.muetterfuersorge.de
info@muetterfuersorge.de
www.wehenschaetze.com

WehenSchätze

Inhalt

Vorwort

Es gibt einen immer wiederkehrenden Satz im Gespräch mit Frauen, den ich nie wieder hören will: „So eine Mütterfürsorgerin hätte ich auch brauchen können. Leider habe ich nichts davon gewusst." Ich selbst gehörte auch dazu.

Deshalb musste dieses Buch entstehen, damit jede Frau, Mutter und Großmutter, jede Fachkraft, jeder Arbeitgeber weiß, dass es sie gibt – die Mütterfürsorgerin!

Ich stelle fest, dass das natürliche Frauenwissen rund ums Kinderbekommen immer mehr verloren geht. Wer hütet den Schatz, der in unserer Weiblichkeit schon immer wohnte? Gemeinsam mit engagierten Frauen ringe ich als Fürsprecherin für Mutterbedürfnisse mit leidenschaftlichem Herzen darum, der aktuellen Zeit des Verlusts kultureller Werte, wie der Gebär- und Wochenbettkultur, zu begegnen.

Zu viele alleingelassene oder erkrankte Mütter und unverstandene Väter in einer Geburtswelt mit häufigen Interventionen und zu hoher Kaiserschnittrate, eine zu hohe Quote von unfreiwillig alleinerziehenden Eltern, zerbrechen täglich an Bevormundungen durch Vorschriften oder Berufsmenschen ohne Herz, an Alltagsherausforderungen.

„Irgendwann schreibe ich ein Buch darüber, dass es Auswege aus der Krise und Lichtblicke gibt", tönte ich. Die magischen zehn Jahre häuslicher Mütterpflege als FamilienLotSinn® rufen jetzt nach Rückschau und Ernte meiner Erkenntnisse und Erfahrungen.
Irgendwann ist Jetzt!

Ich erinnere mich an die arbeitsreiche Zeit, in der ich bis zu fünf Familien am Tag mit meiner Fürsorge besuchte. Es häuften sich Routinen, ich entdeckte Muster und Herausforderungen, die nahezu jede Familie bewegen, die ein Baby erwartet.

In meinem Ratgeberroman erzähle ich dir nun beispielhaft eine Muttergeschichte. Jedes Detail ist wahr und aus vielen Erlebnissen meiner Klientinnen zu einer Mutterreise zusammengepuzzelt.

Ich erzähle dir, wie mit einem feinen Pinsel gemalt, von den Freuden und Herausforderungen körperlicher und seelischer Veränderungen in den neun Monaten vor der Geburt. Ich führe deine Sinne an der Seite von Susanne wortstark durch wechselvolle Ereignisse und Lebensumstände.

Die Lebensqualität der wachsenden, beruflich stark eingespannten Familie verändert sich durch die Arbeitsweise der Mütterfürsorgerin, die zusammen mit der Hebamme und anderen hilfreichen Dienstleisterinnen die Zeit der Schwangerschaft und rund um die Geburt entlasten und beruhigend wirken.

Das Herzstück des Buches, welches sich nicht allein auf das Geburtsereignis konzentriert, nimmt dich hautnah auf die achtwöchige intensive Reise nach der Geburt mit, wenn sich das Familienleben in Küche, Bett und Badezimmer mit dem neuen Baby zurechtruckelt. Dabei werden mit Ritualen und wertvollen Angeboten Familienwurzeln für bleibende Erinnerungen bedeutend gestärkt.

Auch du, liebe Frau, Mutter und Großmutter, kannst dank meiner im Buch verankerten Methoden und Angebote dein Bedürfnis nach glücklicher Mutterschaft vor- und nachbereiten.

Dieses Buch entstand dank des Mentorings von Angela Löhr in der Expertenbuch Akademie, die nicht müde geworden ist, mich immer wieder neu zu diesem Buch zu motivieren und mich auf meiner Buchgeburtsreise begleitet hat.

Möge mein wichtiger Beitrag aus der Praxis zum würde- und respektvollen Umgang mit Frauen und Familien rund um die Geburt seinen Weg in viele Häuser finden!

Ute Richter

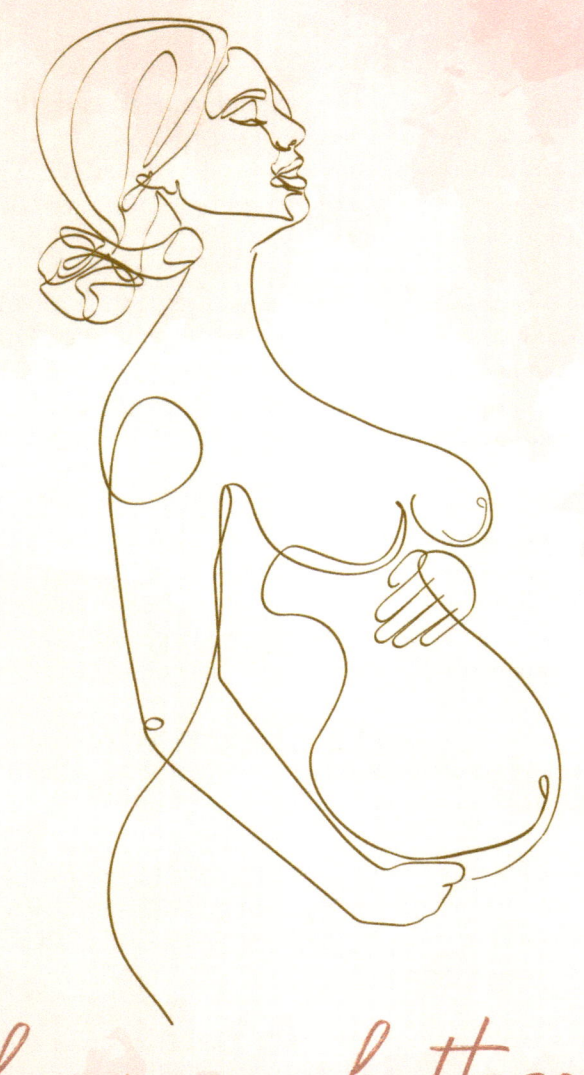

Schwangerschaftszeit

eine Liebeserklärung ans Leben

Kopfüber im Kreißsaal

Hans-Thomas

Mir wird übel und schwindlig. Ich verlasse auf dem schnellsten Wege den Kreißsaal und schnappe draußen nach Luft. Gerade so halte ich mich an einem Türrahmen fest und sacke auf dem Flur der Geburtsstation zusammen. Unsere Beleghebamme ist bei Susanne und war in vielerlei Vorgesprächen eingeweiht und weiß Bescheid.

Alles dreht sich. Beim Anblick meiner Frau, als ich zwischen ihren weit geöffneten Beinen aus ihrer maximal gedehnten Vagina den Schleim tropfen sah, und das behaarte Köpfchen sich zum ersten Mal zeigte, schwand meine Kraft dahin.

Mein Puls rast. Ich hätte nicht gedacht, dass mir so etwas passieren könnte. Ich will wieder rein.

Neun Monate vorher

Susanne

In diesem Sommer werde ich 41 Jahre alt. Was meinst du, ist es endlich Zeit für unser zweites Kind? Es steht so viel auf dem Spiel. Die vergangene Nacht war einfach wie ein Traum. Unsere Liebeslust überwallte uns wie eine Ozeanwelle. Wir gaben uns einander hin wie schon lang nicht mehr, seitdem unsere kleine Marie auf der Welt ist.

Ich versank in der Seele und in den Armen meines Mannes. Obwohl wir kaum in einen Tiefschlaf fanden, fühle ich mich durchdrungen und ausgeruht.

Heute Morgen spüre ich meinen ganzen Körper, vom Ziepen meiner Eierstöcke bis zu meinen feurigen Brüsten. Mich umstreichelt der zaghafte Gedanke, dass bei unserem Liebesspiel eine Kinderseele mittanzte und wonnig in meinem Körper Platz genommen hat. Schon so lange hatten wir keinen Sex mehr miteinander. Sollte es etwa gleich gefruchtet haben?

Und nun zwicken mein Bauch und meine Brüste. Heute Morgen stehe ich noch nackt vorm Spiegel meines Ankleideschranks. Nasse Haarsträhnen kitzeln meine Wangen und triefen bis auf meine Schultern. Mein Duschtuch rutscht auf den Boden. Meine Füße spüren den flauschigen Badvorleger. Ich hülle mich nach dieser Wellness-Morgendusche in meinen altrosafarbenen Lieblingsbademantel.

Gedankenversunken stemme ich meine Fäuste in die Hüften. Da drin steckt mein ganzer Stolz, alles, was ich bisher erreicht habe. Meine Augen wandern im Spiegelbild über meinen weiblichen Körper. Schaffe ich es heute, mit ganzem Respekt meine Dellen und Rundungen anzunehmen?

Mein Leben mit der kleinen Marie hinterlässt sichtbare Spuren. Meine Füße brauchen mal wieder pflegende Zuwendung – ich werde einen Termin für eine Pediküre machen. Mit meinen Waden kann ich mich sehen lassen, prima. Ein knielanger Rock geht trotz meiner starken Beine immer.

Ich drehe mich im morgendlichen Sommersonnenlicht, um dem ungünstigen Lichteinfall auf meine Oberschenkel zu entkommen. Seit Jahren übe mich darin, meine Scheu zu überwinden und meinen Körper schamfrei, wohlwollend und milden Auges zu betrachten. Zu schnell werte ich mich ab, weil ich keinem Schönheitsideal entspreche.

Vibrierend, fast zitternd weht durch mein Gemüt, dass sich heute früh etwas so ganz anders anfühlt als an allen anderen Tagen vergangener Jahre. Sollten es die Nachwirkungen unserer Liebesnacht sein, die nur ein Muskelkater sind? Haben mich meine orgasmischen Wellen so durchspült, dass sich jede Zelle mit Energie angereichert hat und nun zu brennen scheint?

Zärtlich streichen meine Fingerkuppen die Konturen meiner Brüste, als könnte ich den hinterbliebenen Hauch der Küsse wiederbeleben.

Meine Hände ruhen auf meinem wackeligen Bauch, der sich nach meiner Schwangerschaft mit Marie nicht mehr straff, sondern ganz weich, ja eher schwabbelig anfühlt. Da beginnt ein leiser, sentimentaler Gedanke, der mich schon den ganzen Morgen begleitet, sich zu regen, wird lauter, nimmt Raum ein. Nahezu unbemerkt lege ich meine sanften Hände beschützend auf meinen Unterbauch, als würde ich mein kostbarstes inneres Universum bedecken. Ich schaue fragend meinem Spiegelbild fest ins Auge meiner Seele. Gewissheit bricht sich Bahn. Ahnend und gleichsam staunend klettert in mir ein Zauberwort aus dem Bauch in den Kopf: Babymama.

Das Zischen vom Sound unseres Kaffeeautomaten ruft mich zu unserem Morgenritual mit meinem geliebten Mann. Schnell ziehe ich mir meine gestreifte Lieblingsbluse vom Bügel, die mich mit ihrer Rüsche an der Knopfleiste so richtig verzaubert. Mit meiner weißen Jeans fühle ich mich immer noch wohl und gleichzeitig angemessen fürs Büro gekleidet. In diesem Wohlfühloutfit spüre ich Freude und Energie, die mir helfen wird, mit meinem Team in einer Stunde am spannenden Projekt weiterzuarbeiten.

Zärtliche Blicke knistern über den Frühstückstisch zwischen meinem Gefährten und mir hin und her, während unser Mädchen noch schlummert und erst in einer Stunde von ihm zur Kita gebracht wird. Wir stimmen uns wöchentlich ab, wer, je nach beruflicher Herausforderung, die Morgenroutine mit unserer Vierjährigen zusammen und in Ruhe verbringt.

Heute kann ich also eher los, was mich sehr erleichtert. Marie trödelt mir morgens doch zu viel herum und strapaziert meine Geduld bis aufs Äußerste. Gegenwärtig halten wir uns den Rücken frei, um uns gegenseitig zu unterstützen und gleichzeitig die knappe Familienzeit zu pflegen.

Hans-Thomas spricht während des Frühstücks gern mit mir, doch heute so gar keinen einzigen Ton. Er hält inne und setzt langsam seine Kaffeetasse ab. Was kommt jetzt? Sein Blick zu mir herüber wird glasig und seine Stimme wirkt brüchig: „Sag mal Schatz, hast du auch den Eindruck, dass diese Nacht eine ganz besondere für uns beide war? Kann es sein oder habe ich es nur geträumt, dass ein Kind in dich hinein gekommen ist ...?" Der Klang seiner Worte verzaubert meine Sinne. Wir fühlen uns zueinander hingezogen, sind uns unendlich nah und strecken uns unsere Hände entgegen.

Einige Wochen später

Susanne

Ich verzichte auf das gute Glas Weißwein in unserem Lieblings-restaurant und bestelle mir Quellwasser in einem edel geformten Kristallglas. Der Wirt kennt uns gut und geleitet uns diskret an einen Tisch, von wo aus wir einen prominenten Blick über das Tal haben und ungestört den Abend verbringen. Mein Mann überrascht mich mit einem wunderschön schlichten Herbstwiesenstrauß, für den wie immer schon eine Vase am Tisch bereitsteht.

Obwohl Hans-Thomas so viel um die Ohren hat, ist er mir gegen-über aufmerksam und einer der einfühlsamsten Menschen in meinem Leben. Er bemüht sich so sehr, mir seine Liebe zu zeigen. Er gibt mir das Gefühl, das Wichtigste in seinem Leben zu sein. Wir sind Gefähr-ten. Auf ihn hatte meine Seele lange gewartet. Bis dahin schliff ich mich und meine Werte an anderen Männern ab. Verliebtsein war keine Liebe und hielt immer nur kurz. Ich bin, so gesehen, kein Sonntags-kind, habe mich jedoch dahin entwickelt.

Mein Handy, das ich heute Abend nur für unsere Kinderfrau freige-geben habe, zeigt ein Emoji von ihr, ein Herz und Daumen hoch. Alles scheint daheim in Ordnung. Ich entspanne mich.

Carola ist von Anfang an bei uns und hütet unsere Erstgeborene. Die beiden sind sehr vertraut miteinander. Wir kennen uns schon lange. Ich hatte mich rechtzeitig um einen langfristigen Babysitter geküm-mert. Das schafft uns den nötigen Freiraum, den wir dringend mit-einander brauchen. Die ersten Male war ich immer sehr aufgeregt und übte mich im Loslassen. Ich entwickelte ganz langsam Vertrauen in Carola, ihr mein Baby bedenkenlos zu überlassen. Unsere Gewöhnung brauchte echt Zeit für alle Seiten.

Würziger Duft umschmeichelt unsere Nasen. Ein Gruß aus der Küche weht zu uns herüber. Während wir auf unser Essen warten, zieht Hans-Thomas einen Brief aus seiner Tasche. Er nimmt meine Hände in seine und schaut mich eindringlich und tief an, als wollte er mir etwas Wichtiges sagen. Sein Seelenblick ruht wach und warm auf mir.

Hans-Thomas
Ich glaube, wir beide schaffen das.
Unsere Familie ist mein Zuhause. Es gibt für mich nichts Schöneres
und Wertvolleres als das. Dafür lebe und arbeite ich. Ich lebe meine
Begabungen so gerne in meinem Unternehmen aus. Ich freue mich,
dass ich Menschen helfen kann, ihr Ein- und Auskommen zu haben,
dass sie sich beruflich entfalten und Erfolg haben. Und doch: Ich bin
Susannes Mann, ihr Gefährte und werde wieder Papa! Wir sind innig
und tief miteinander verbunden.

„Ich bin schier überwältigt von dem Gedanken, dass du unser neues
Leben in deinem Bauch trägst", sage ich deshalb. „Mir ist klar, dass
sich damit alles verändern wird. Nur hab' ich noch keinen Plan, wie
das gehen soll. Bis zur Geburt bleibt uns nicht unendlich viel Zeit. Bis
zum Frühjahr müssen wir uns auf unser neues Leben vorbereiten. Und
ich habe die Sorge: Was ist, wenn sich unser Baby eher auf den Weg
macht als geplant, wenn es den Zeitplan über den Haufen wirft? Ich
muss in meiner Firma noch so einiges umstellen und regeln, um für
dich hundertprozentig da zu sein."

Susanne
Ich sauge sein Bekenntnis tief ein, lasse mich von seinen Worten
berühren und kann es kaum fassen, dass mein Mann sich so weit
öffnet. Demütig und dankbar vibriert es in mir. Hans-Thomas neigt
den Kopf, verbirgt seine glänzenden Augen und sein bebendes Gesicht
vor mir. Rollt dort eine Träne aus dem Augenwinkel? Er nimmt meine
Hand und drückt sie fest an seine Wange. Meine Fingerkuppen liebko-
sen seine barthaarige Haut.

Unsere starke Verbindung ist über die Jahre gewachsen und trägt
uns sicher durch Zeit. Wir wirken gerade beide so zerbrechlich in unserem Nichtwissen. Und doch schwingen wir zwei seelenberührt und
dankbar miteinander.

Wir wissen zwar nicht, wie wir künftig alles unter einen Hut
bekommen sollen. Eines ist gewiss: So chaotisch und überfordernd wie
bei unserem ersten Mal vor vier Jahren darf es auf keinen Fall wieder
werden. Diese Lebenslektion haben wir hinter uns.

Ein gepflegter, gut gelaunter Kellner unterbricht meine Gedanken und platziert unsere Speisen an unserem Tisch. Er beugt sich zu uns herunter und flüstert diskret: „Meine Hochachtung und herzliche Glückwünsche – ich sehe Ihre anderen Umstände." Mit einem beschwingten „Guten Appetit" strebt er lächelnd zum Nachbartisch weiter.

Hans-Thomas blickt mich mit Schalk im Nacken an. Hoffentlich macht er jetzt nicht einen seiner Späße. Er besitzt die Gabe, Menschen erstklassig humorig und haarklein nachzuahmen. Das hebt er sich immer bis zu unserem Heimweg auf, auf dem wir uns beide dann vor Lachen biegen wie die Kinder.

Doch jetzt wächst erst mal mein Appetit auf diese leckere Spinatlasagne mit dem Anblick der glänzenden Tomaten. Genüsslich schmilzt das Essen an meinem Gaumen – mein Wohlfühlgericht.

Wir erheben unsere Gläser mit Wasser und Wein und stoßen auf uns und den Abend in unserem vertrauten Restaurant an, das wir zu unserem zweiten Wohnzimmer erklärt haben. Ungestört zusammen zu sein und zu sprechen, geht oft nur hier.

Dann schiebe ich meinen Teller von mir; mehr geht beim besten Willen nicht rein, obwohl diese Köstlichkeit Leib und Seele schmeichelt.

Während mein Mann seine üppige Portion genießt, dirigiert er mit seiner Gabel in der Luft, um noch einen Gedanken loswerden zu wollen.

Er reicht mir den mitgebrachten Briefumschlag und bittet mich, ihn vor seinen Augen zu öffnen. Neugierig und behutsam reiße ich das Papier auf. Ein roter Flyer mit einer schnellen Kritzelei kommt zum Vorschein: „Grüße und Glückwünsche von meiner Frau mit heißer Empfehlung! Ole & Marion."

In großen Buchstaben steht dort: „Mit der Mütterfürsorgerin entspannt und organisiert Mutter und Familie werden – exklusive Begleitung durch die Mutterschutzzeit".

Bei dem sympathisch anmutenden Bild beginnen meine Gedanken einen Freudentanz. Ich spüre Zuversicht. Genüsslich kauend schaut mein Mann zu mir herüber. Sein langjähriger Kollege und Mitarbeiter hatte ihm den Flyer mit zwei knappen Sätzen überreicht: „Ulrike hatten wir voriges Jahr zusätzlich zu unserer Hebamme engagiert, als Marion unser Drittes bekam. Ich kann dir nur sagen, dass eine Mütterfürsorgerin die beste Entscheidung für unsere ganze Familie war."

Ulrike

Viele Frauen lassen alles laufen, weil es schon IRGENDWIE gehen wird. Schließlich gebären die Frauen seit Jahrtausenden Kinder. Das stimmt, wenn es um den Gebärprozess selbst geht. Familiewerden ist ein großartiges, lebensveränderndes, abenteuerliches Projekt. Gerade für uns Frauen ist es wichtig, zusätzlich zur Familie in eine intakte soziale Gemeinschaft eingebunden zu sein.

Eines der größten Lebensabenteuer ist es, ein neues Wesen in eine soziale Gemeinschaft hineinzugebären. Dies erscheint mir eine Herausforderung unserer Zeit zu sein. Individualisierung ist zwar willkommen – lebenspraktisch wertvoll ist eine Geburt jedoch besser in sozialer Verbundenheit.

Bedenke!

Dein Partner wird Vater und hat Emotionen. Er ist nicht alleiniger Organisator und Macher, sondern Mensch mit eigenen Herausforderungen und hoffentlich nicht der einzige Sozialpartner in deinem Umfeld.

Das Fundament kann wanken, wenn du als Frau „bedürftig" wirst und dein Partner zusätzlich Pflegeverantwortung für dich übernimmt. Aus Erfahrung weiß ich, dass sich schwangere Frauen zu sehr allein auf ihren Partner verlassen und ihn damit überfordern könnten. Das kann eine große Belastungsprobe für die Beziehung werden. Deshalb ist es hilfreich, ein soziales Netz zu knüpfen, Freundinnen, Familie sowie professionelle Hilfe und Begleitung zu aktivieren.

Mütterfürsorge:

Scanne den QR-COde und sieh dir meine Videobotschaft an.

Der erste Kontakt

Susanne

Meine Vierjährige schreit und zetert durchs ganze Haus. Sie ist mir gerade wahnsinnig anstrengend, anhänglich, weint viel und weicht kaum von meiner Seite. Aber wenn sie erstmal mit ihren befreundeten Kindern in der Kita spielt, ist sie schwer nach Hause zu bewegen. Ich bin zu müde, zu unausgeschlafen, mein Rücken schmerzt. Meine Geduld ist maximal strapaziert. Der Morgen strengt mich an.

Es tut mir sehr leid, dass ich sie anherrsche, weil sie sich vorm Haarekämmen sträubt und so viel kostbare Zeit verloren geht, obwohl wir die verbleibende Zeit doch eigentlich angenehm verbringen wollen, bevor das Baby kommt. Mit Engelszungen rede ich ihr ein paar Mal zu, dass das Bürsten jeden Morgen dazu gehört. Bei ihren langen, dünnen Haaren bilden sich schnell Filze und Knoten. Da müssen wir dranbleiben, sonst brauchen wir einen Friseur.

Ich drohe ihr, obwohl ich das nie wollte. Ich ziehe alle Register. Wenn ich mich selbst sehen könnte, wirke ich wahrscheinlich wie ein Muttermonster. Das ist das Schlimmste für mich, dass mich meine Tochter so erlebt. Ich schäme mich dafür. Doch wie entkomme ich dieser fiesen Masche?

Trotzdem schnappe ich mir die Bürste und hechte unter Geschrei, Weh und Ach hinter ihr her, bis ich erschöpft aufgebe. Ermattet sehe ich ihr dabei zu, wie sie sich selbst mit ein paar bunten Haarspangen und einem Gummiband schmückt.

Ich seufze, als mein Mann sie endlich durch die Haustür geschleust hat und die Tür hinter den beiden ins Schloss fällt. Ich sorge mich, ob ich diese morgendliche Tortur kräftemäßig und zeitlich überhaupt leisten kann, wenn unser Baby erst mal da sein wird.

Es scheint nur eine Kleinigkeit zu sein, sich morgens die Haare zu kämmen. Für mich und meine Tochter ist es ein Riesenthema und immer ein Machtkampf zwischen uns um Nähe und notwendige Fürsorge.

Ich gönne mir meine morgendliche Wellnessdusche. Die brauche ich wie die Luft zum Atmen. Das Wasser über meinen Körper laufen zu spüren, verbindet mich dankbar mit mir selbst und ist Quelle meiner Kraft. Mich zu duschen und zu baden, bedeutet mir, mich innen wie außen erfrischt und gereinigt zu fühlen. Als sei ich neugeboren. Die besten Ideen sprudeln aus mir heraus, wenn ich unterm Wasserstrahl stehe. Heute ist es endlich Zeit, mit der Mütterfürsorgerin zu telefonieren.

Bis ich ins Büro muss, ist noch Zeit. Im Bademantel hocke ich mich mit einer heißen Tasse Kaffee also in meinen dicken Sessel, lege meine Füße hoch und greife zum Telefon. Der Flyer von der Mütterfürsorgerin leuchtet mich an. Ich bin aufgeregt. Keines meiner unzähligen Telefonate im Büro brachte mich so in Schwingung wie dieses heute. Denn jetzt geht's um mich selbst, um mein Intimstes. Mein Kopf wird heiß, ich schwitze über der Oberlippe.

„Hallo! Ich habe Sie empfohlen bekommen und von Ihnen gehört. Hier liegt Ihr Flyer. Können Sie uns helfen? Ich erwarte im Frühjahr unser zweites Baby, na ja, das dritte Mal. Haben Sie Kapazitäten für uns frei?"

Ich spreche ununterbrochen wie ein Wasserfall weiter:
„Wissen Sie, wir haben keine Großmutter mehr, die für mich und meine Familie sorgt, während ich mit dem Baby beschäftigt bin und mich selbst im Wochenbett erhole."

Jetzt erst lasse ich etwas Luft zum Atmen, eine Lücke, in der ich der Stimme am anderen Ende lausche. Unerwartet höre ich einen freudigen, wohligen, mir zu Herzen gehenden Glückwunsch zu meiner Schwangerschaft. Das kommt selten vor, wenn ich mit einer offiziellen Stelle telefoniere, dass sich jemand so mit mir freut und mir emotional freundlich begegnet.

Wärme und Geborgenheit liegen in der fürsorglichen Stimme. Ich lehne mich entspannt zurück. Obwohl ich die Mütterfürsorgerin noch nicht kenne, wir nichts voneinander wissen, ist da dieses sympathische Empfinden und die Gewissheit, mich näher darauf einzulassen.

Ich bin gespannt, wie sie uns helfen kann und welches Angebot sie für uns parat hat. Wie ein kleines Mädchen fiebere ich dem Moment der ersten Begegnung entgegen. Insgeheim spüre ich meinen Wunsch, meine Sehnsucht nach meiner Großmama. Diese Zärtlichkeit in ihrer Stimme erinnert mich zutiefst. Mein Gespür sagt mir jetzt schon, dass sie ‚es ist‘. Als wäre sie ein Engel, der an meiner Seite erscheint. Großmama hatte mir immer prophezeit: „Bitte, so wird dir gegeben. Ich werde vom Himmel aus ein Auge auf dich haben."

Die Mütterfürsorgerin bringt jahrelange Erfahrungen mit und ihre mitfühlende Kompetenz sprüht schon durchs Telefon. Weil ich eine echte, warmherzige Begleitung auf meiner dritten Mutterreise suche, verabreden wir uns. Mein Herz jubelt. Und genau in diesem Augenblick versetzt mir mein Bauchbaby einen ersten Stoß, so dass ich es deutlich spüre. Verzückt halte ich inne. Heute ist unser erster echter Kontakt durch die Bauchdecke.

Ein denkwürdiger Moment. Meine Hände suchen nach meinem Schatz, erforschen millimetergenau die Klopfstelle. Ob wir uns gleich erneut hier fühlen? Hurra! Ich senke meine Augen und säusele zärtlich liebkosende Worte zu meinem Baby hin.

Mich faszinieren Lebenswege und Biografien. Ulrikes Pfade klingen abenteuerlich. Was hat sie erfahren, dass sie sich dem Schutz frischgebackener Mütter widmet?

Wir vertiefen uns länger ins Telefonat als ursprünglich gedacht. Als sie mir einen kleinen Einblick in ihre Erfahrung schildert, rieselt mir ein Gänsehautschauer den Rücken rauf: Dieser Mütterengel ist durch ihre eigenen dornigen Hecken und dunklen Schluchten gewandert und daran gewachsen. Sie versteht es, ihre eigenen Erlebnisse so zu verwandeln, dass sie mir als Schätze auf meiner Mutterreise dienen. Sie sagt, dass sie selbst zu der Frau wurde, die sie früher zum Beistand gebraucht hätte, als sie Mama wurde. Ich nehme ihr das voll ab.

Und wir treffen auf Gemeinsamkeiten. Nach der ersten Geburt war unsere Partnerschaft überfrachtet so wie bei ihr damals. Ihre mentale und körperliche Gesundheit stand auf der Kippe so wie bei mir. Ob sie mich vor den Abgründen und Tiefen, vor den lauernden Gefahren bewahrt, nicht die gleichen Fehler wie in der ersten Schwangerschaft und nach der Geburt zu begehen?

Ulrike
Rückblickend lernen wir Lebenslektionen. Schau dich von Zeit zu Zeit nach deinen Lebensschätzen um. Sie vermögen, glücklich zu machen.

Meine Denk-Impulse: Was alles hat dich dein Erlebnis gelehrt? Nähere dich aus verschiedenen Blickwinkeln. Versetze dich in die Lage deines Gegenübers. Was hat zu der damaligen Entscheidung geführt? Was hättest du damals gern gewusst?

Am besten funktioniert das mit einem anderen Menschen, dem du vertraust. Berge deinen Erfahrungsschatz und erlange Weisheit und Reife!

Elternwerden als Chance

Susanne
Mein Job macht mir keinen Spaß mehr. Es sind zu viele Projekte zu stemmen. Ich steig' aus. Ich nutze lieber die zwei Jahre Elternzeit zuhause für meine berufliche Neufindung. Ich frage mich, wie wir als Paar zusammenbleiben. Wir wollen unsere Familie erweitern und uns nach jetzt zehn gemeinsamen Jahren neu zusammenfinden. Unser Baby und die Auszeit sind unsere Chance, die Elternrollen neu zu definieren.

Wer sind wir? Was wollen wir als Menschen und vor allem als ein Paar? Mit zunehmender Reife stellen sich mir solche Sinnfragen häufiger.

Hans-Thomas
Wir wollen die Elternzeit wirklich als solche nutzen. In der Wochenbettzeit nehme ich mir frei. Ich habe mich lange gefragt, wie wir uns auf ein neues Niveau heben, statt die Babyflitterwochen schläfrig zwischen Windeln, Kochtopf und Wäsche verfliegen zu lassen. Auf keinen Fall wollen wir nach gemeinsamer, kostbarer Zeit feststellen, dass wir sie nicht für uns genutzt haben. Das wäre zu schade und würde uns beide traurig machen. Also suchen wir unsere Chance, an unserem neuen Paar- und Familienleben zu schrauben. Ich hoffe, da kann uns die Mütterfürsorgerin helfen.

Das Wichtigste ist, dass wir unsere Familie und Susannes Gesundheit im Blick behalten. Heikel wird mein Übergang in meinen Beruf als frischer Papa, der mit den zwei Kleinen leichter und sicherer gelingen muss als damals nach Maries Anfangszeit.

Es macht mir Angst, wenn ich daran denke, den ganzen Tag wieder zu arbeiten und meine stillende Frau mit allen Aufgaben allein zu lassen.

Ulrike
So wünsche ich mir Familien, dass sie sich Gedanken darüber machen, wie sie den Lebensanfang gestalten und sich bietende Chancen nutzen. Wann im Leben wird ein Paar so sehr mit sich selbst

konfrontiert, so tief bewegend mit dem Leben in Kontakt gebracht wie zur Geburt seiner Kinder?

Das Wochenbett gewinnt an echter Bedeutung. Was landläufig als „Ankommen nach der Geburt" bezeichnet wird, ist wie eine an Land gespülte Schatzkiste. Die prunkvollen Edelsteine aus Zeit, Mitgefühl füreinander und Selbstbewusstsein formen ein neues Lebensfundament, mit denen du die Zukunft deiner Familie bereicherst.

In unserem Kulturkreis blüht das Angebot einer niveauvoll unterstützten Wochenbettbegleitung erst auf.

Einladung:

Ich lade dich herzlich in meine Community von Frauen ein!
Hier geht's zum „Großen Mutterkreis".

Im Vorgespräch

Ulrike

Bei unserem unverbindlichen Vorgespräch höre ich genau hin: Ich nehme Sorgen und Probleme auf, erfahre vom Alltagschaos, schaue mir die Wohnsituation an. Ich bewundere, wie offen und ehrlich Susanne und Hans-Thomas mir alles erzählen. Aufwallende Emotionen regen sich in beiden Gemütern, als sie von ihrer Notsituation, damals vor gut fünf Jahren, sprechen. Ich verkrampfe mich innerlich mit, ohne dass es die beiden bemerken.

Susanne

Es ist überhaupt nicht leicht, jetzt in dem Zustand, wo mein drittes Bauchbaby mich bewohnt, an frühere Schwangerschaften und an Mariechens Geburt erinnert zu werden. Es schmerzt immer noch zu sehr. Nur wenige Wunden sind vernarbt. Zum einen erlitt ich lange vor Marie eine Fehlgeburt; später gebar ich Marie unter schwierigen Umständen.

Zuerst wurde ich zwei Tage vor dem errechneten Entbindungstermin in die Klinik zur Überwachung einbestellt. Dort beschloss man, die Geburt einzuleiten.

Ich hatte den Eindruck, dass ich viel zu willenlos war, um irgendetwas zu hinterfragen oder um Zeitaufschub zu bitten, um mich zu fassen. Es ging alles so rasant und wie in einem Taumel. Ich sehe mich noch, wie ich mit beiden weit gespreizten Beinen auf einem Gynäkologenstuhl hochgefahren wurde, ein Herr im weißen Kittel den Raum betrat und kurz zwischen meinen Beinen hantierte: Er schob seine Finger in meine Vagina mit den Worten: „Ich lege Ihnen jetzt eine Tablette vor den Muttermund. Und dann haben wir in sechs Stunden schon ihr Kind."

Verdutzt und überrumpelt bekam ich nur Fetzen dieser Szenerie mit. Und so schnell wie er im Zimmer erschien, verschwand er schon wieder. Ich begriff nicht. Da steckte jemand Fremdes seine Hand in mich hinein, so nah an mein zu beschützendes Baby, das ich unter meinem Herzen trug! Diesen Übergriff hab' ich lange nicht verwinden können. Der verfolgte mich noch Monate später in immer wiederkehrenden Alpträumen.

Tatsächlich bewirkte die Tablette gar nichts. Zwei ganze Tage lag ich regelmäßig am Herzton- und Wehenschreiber angekabelt und ängstigte mich so allein im Zimmer. Von Zeit zu Zeit sah eine blaubekittelte Schwester zu mir herein und zwinkerte mir zu, dass noch kein Kind dringeblieben sei. So hatte ich mir das Ende meiner Schwangerschaft nicht vorgestellt.

Ich wusste damals jedoch auch noch nicht, wie eine Geburt überhaupt beginnt, wie sie sich anfühlt. Meine Mutter beschrieb es immer so, als würden Menstruationsschmerzen einsetzen, allerdings noch viel stärker. Meine Wehen kamen dann, als ich schon über 48 Stunden in Aufregung war und seitdem nicht mehr geschlafen hatte. Kraft hatte ich keine mehr, nur noch wahnsinnige Angst.

Mir fehlte jemand, der sich auskennt und mich beruhigt - irgendjemand, der mir beistand und sich mit mir beschäftigte! Am Ende ging gar nichts mehr. Um mich herum hockten fünf Menschen, unter deren Augen ich zum „kräftig pressen" angeleitet wurde. – Verächtlich fauchte ich, dass ich unter Druck niemals Sex haben könnte. Geburt soll ja etwas Sexuelles sein, nur in die andere Richtung ...

Ich war schockiert, als eine junge Ärztin über mir hockte, die meinen Bauch nach unten schob. Dann war es auch schon vorbei. Das glitschige Baby lag für wenige Sekunden auf meinem nackten Bauch, wurde sofort wieder weggenommen und auf dem Nachbartisch abgelegt, abgesaugt und mit einem Sauerstoffschlauch beatmet. Stumm und teilnahmslos saß Hans-Thomas an meinem Bett. Niemand sprach ein Wort. Die Mannschaft verließ den Raum. Der verwüstete Kreißsaal wurde still. Nur des Sauerstoffgerät rauschte.

Ich bat meinen Mann, das Papier vom gestoppten Wehenschreiber als Erinnerung abzureißen und mitzunehmen. – Heute wundere ich mich, dass ich damals keinerlei Gefühle für mein Baby aufgebracht habe.

Eine ganze Stunde muss vergangen sein, bis endlich jemand kam und mir mein Kind in meinen Arm legte. Davon weiß ich nichts mehr. Die Szene kenne ich nur von einem Foto, das mein Mann knipste. Doch weißt du, wie ich da aussehe? Völlig teilnahmslos blicke ich auf mein Kind runter. – Ich konnte es in den ersten Monaten nicht liebhaben. In mir war alles weggerutscht.

Das darf nie wieder passieren, Ulrike. Hörst du? Nie wieder! Ich schniefe und halte mich am Arm meines Mannes fest.

An Susannes Seite

Ulrike

Es dauerte drei Tage, in denen ich das individuelle Angebot für die beiden entwickelte. Ich stimmte mich mit der Familie ab und präsentierte ihr meine, auf sie zugeschnittene Vorgehensweise.

Dabei ist es mir wichtig, dass Susanne die Schätze aus der ersten Geburtserfahrung hebt. Es liegt eine neue Chance vor ihr. Sie hat es in der Hand, so wie jede Gebärende, sich nicht länger als Opfer der Umstände zu sehen. Sie hat zu der damaligen Zeit ihr Bestes gegeben. Jetzt geht sie die wichtige Vorarbeit zur Vorbereitung auf eine neue Geburt und Wochenbettzeit erneut an. Ich stehe dabei an ihrer Seite.

Susanne

Meine Wolldecke im Rücken wärmt mich, es ist Ende September. Mit dem Krankenschein in den Händen sinke ich schon am Vormittag erschöpft auf die Couch. Eigentlich möchte ich etwas schlafen. Ermattet und müde fallen meine Augenlider zu. Ich schlafe kurz ein, wie so oft in diesen Wochen, bis ich von einer ekeligen Übelkeit geweckt werde, die immer noch an mir zehrt.

Mein Blick fällt auf herumliegendes Spielzeug vom gestrigen Abend. Aus meiner Kleinen wird nun bald die Große werden. Ich kann mir kaum vorstellen, dass ich dann noch weniger Zeit für mein Töchterchen haben werde, wenn erst mal das Baby zu hundert Prozent meine Aufmerksamkeit benötigt und der Platz auf meinem Schoß nahezu immer besetzt sein wird.

Was sich alles verändert, wird mir in manchen Momenten bewusst und lässt mich schier schwindlig werden. Schnell streife ich die chaotischen Gedanken und die traurig machenden Emotionen beiseite.

Mit der einen Hand am Bauch und mit der anderen vorm Mund schleppe ich mich zur Toilette und übergebe mich erneut. Eigentlich trotte ich nur so durch den Flur bis zum Gäste-WC. Die Treppe hinauf in meinen Raum und zum gemütlichen Bad schaffe ich nicht.

Ulrike

Einen neuen Menschen im Bauch zu tragen, ist mental und körperlich die herausforderndste, anstrengendste Phase für Frauen – eine Verwandlungsreise.

So wie du täglich einen neuen Morgen beginnst, atme dich hinein in jeden neuen Tag mit deinem Bauch, der an Größe und Umfang ohne dein aktives Zutun zunimmt. Der Samen ist gelegt, er braucht Ruhe und deine Pflege, um ungestört zu gedeihen.

Du selbst bist wie der Garten in Mutter Natur. Hege und pflege dich selbst, deinen Körper, deine Seele, in dem sich dein junges Pflänzchen wohl fühlt und optimale Wachstumsbedingungen hat. Dazu gehört alles, was du dir über deine geistige und körperliche Nahrung zuführst, womit du dich umgibst.

Ungesunde Ernährung und schädliche Gedanken wirken wie Giftsprühmittel in deinem Garten. Achte auf ausgewogene und reichhaltige, natürliche, unbelastete Zutaten. Und bitte genieße sie! So wie Jahreszeiten zwischen Hochsommer und ungemütlichen Unwetterschlachten übers Land gehen, so erlebst auch du eine Bandbreite an Wachstumsumständen und vorübergehenden Widrigkeiten. Dein Bauchpflänzchen im Dunkeln ist im nährstoffreichen Mutterboden geborgen und beschützt.

Was ich dir unbedingt sagen will: Schütze dein Pflänzchen vor zu groben und ungebetenen Vermessern, Beurteilern oder Miesmachern. Verweise Menschen, die dir erzählen wollen, wie's bessergeht, Menschen, die dir berichten, was alles passieren kann, weit hinter deinen Gartenzaun.

Was du beim Schwangersein auch brauchst, sind deine gute Hoffnung, dein Glaube, dein Vertrauen und dein Wohlwollen – deine ganze mentale Kraft. Und eine Verbindung zu Menschen – deine Annabelung an Weisheit und Kraftquellen.

Wie Großmama

Susanne

Ich starre auf den voraussichtlichen ET, Entbindungstermin, auf dieses Datum in meinem Mutterpass. Wieso muss das als Termin so benannt und festgeschrieben sein? Mein Baby soll kein Terminkind sein. Es weiß doch niemand vorher so genau, wann's losgeht. Das Datum reizt meine Augen, ich bin heute wohl sehr nah am Wasser gebaut. Meine Tränen fließen. Meine Großmutter Gretchen starb an diesem besagten Tag vor fünf Jahren. Ich liebte sie sehr. Wir waren innig verbunden und uns sehr ähnlich. Sie erlebte noch mit, dass ich Marie unter meinem Herzen trug.

Ein warmer Strom durchweht mich von den Füßen am Rücken hinauf über die Schultern. Wie schön wäre es, wenn sie noch hier wäre und mit mir meine Freude und vor allem meine Ängste teilen würde. Sie wäre mir mit ihrer Gutherzigkeit und Wärme eine große Stütze und vor allem eine weise Freundin.

Meine abschweifenden Gedanken ziehen mich in meine Kindertage, wo Großmama für mich da war. Sie war einer der liebevollsten Menschen in meinem Leben. Auf ihrem Schoß fand ich immer einen Platz, an ihrer Hand lernte ich laufen. Bei ihr erlebte ich wonnige Zeiten. In ihrer Gartenküche buk und kochte sie die leckersten Gerichte für mich. Kann man Düfte erinnern? Ich rieche gerade Aromen aus Kindertagen. Ich hänge geborgen in meinem Sessel und lasse diese Kindheitsbilder und Erinnerungen schwelgend träumend vorbeiziehen.

Ich wünsche mir sehr, dass meine Kinder ebenso eine behütete und beschützte Kindheit haben können. Genau wie ich damals bei Oma. Meine Eltern arbeiteten viel, sie nahmen sich kaum freie Zeiten für uns Kleine. In ihren Praxen waren sie gefordert. Die Menschen brauchten sie, denn in einem großen Umkreis waren sie ausgewiesene Spezialisten. Von meinen Eltern hatte ich nicht viel. Im Großen und Ganzen hat das alles meine Großmutter Gretchen abgefangen. Ihre Liebe und Güte prägten mich und meinen Bruder.

Was soll nun also werden, wenn unser zweites Kind kommen wird? Wollen wir so weitermachen wie bisher? Jetzt, wo uns ein neues Leben geschenkt wird, ist höchste Zeit für eine Lebensinventur.

Auf unserem nächsten Paarabend, den wir leider immer noch zu oft vertagen, werde ich mit Hans-Thomas sprechen müssen. Diese exklusive Zeit zu zweit, nur für uns beide, schieben wir mit aller Mühe wöchentlich als unverrückbaren Termin in unsere Kalender. Doch wir halten ihn selten wirklich ein. Ich bin fest entschlossen, diese Tradition wiederaufzunehmen. Schließlich wächst unsere Familie. Ich brauche meinen Mann unbedingt für den Gedankenaustausch. Sie kreiseln schon in meinem Kopf. Meine To-Do-Liste wird immer länger, sie bedrängt und verwirrt mich.

Einladung:

Hast du Lust auf eine Lebensinventur?
Ich lade dich zu einem Gespräch ein!

Unser Berufsleben

Susanne

Bis jetzt waren wir nur mit unserem Alltag mit Marie beschäftigt und voll im Sog unserer Berufe, die uns alles abverlangten. Wir tragen Verantwortung für Unternehmen, für Mitarbeiter und eine Menge Projekte. So gesehen schöpften wir bisher alles aus, was wir ‚beruflich erfolgreich sein‘ nennen. Das konnten wir uns zwar nie vorstellen und doch haben wir auf der Karriereleiter sehr weit oben unsere Plätze gefunden. Die Jahre verflogen mit unseren Forschungsarbeiten. Wir beide sind zu ausgewiesenen Experten auf unseren Gebieten geworden.

Meine sozial-empathische Ader erbte ich wahrscheinlich von meiner Großmutter, die mir diese empfindsame Gabe in die Wiege legte. Ich liebe es, wertschätzend und förderlich mit meinen Mitarbeitenden umzugehen. Menschlichkeit liegt mir im beruflichen Kontext sehr am Herzen. Schließlich verbringen wir den ganzen Tag miteinander, unsere gemeinsamen Stunden sind Teil unserer Lebenszeit. Deswegen sind unsere Projekte auch so erfolgreich, weil wir unsere Teams einfach anerkennend fördern und leistungs- sowie familiengerechten Umgang pflegen. Unsere Unternehmenskultur ist dafür schon mehrfach ausgezeichnet worden.

Frau Großschmidt aus meiner Personalabteilung legt mir ihre warme Hand auf die Schulter und blickt mich gütig an. Ich überreiche ihr heute meinen dritten Krankenschein und bespreche mit ihr einen vorerst letzten Tag in der Firma, an dem ich meine Übergabe und eine Abschiedsparty plane. Schon vor Beginn der offiziellen Mutterschutzzeit werde ich nicht mehr hierher zurückkehren.

Mit meiner Personalverantwortlichen spreche ich vertraut. Sie hat dafür ein Ohr und hört ruhig zu, wenn ich ihr von meinen Erlebnissen berichte. Ich erzähle ihr, dass mich meine Gynäkologin zu speziellen Routine-Untersuchungen überweist, die aufgrund meines Alters notwendig seien. Denn ich gelte damit als Risikoschwangere. Das sei so Vorschrift. Ich will aber, dass die Ärzte mich mit ihren andauernden Überwachungsmethoden in Ruhe lassen. Die stressen mich. Ich möchte nicht, dass ohne meine Mitsprache über mich entschieden wird.

In ungehörigem, barschen Ton bin ich zurechtgewiesen worden. Wenn ich nicht mitziehe, könne die Ärztin keine Verantwortung mehr für mich übernehmen und wird mich möglicherweise nicht weiter betreuen. Ich müsse mir jemand anderen suchen.

Diese Welt macht mir manchmal Angst. Ich zittere. Alles, was ich will, ist, dass ich ungestört meine Schwangerschaft als Geschenk genieße und mich ganz und gar auf diesen Zustand einlasse.

Ulrike
Mir liegt sehr am Herzen, dass es ein interdisziplinäres Wirken für Schwangere gibt. Die Zusammenarbeit zwischen Gynäkologinnen, Hebammen und Naturheilkunde ist mir ein großes Anliegen. Und: Die Mutter als Mittelpunkt gibt die Richtung vor. Ich finde es wichtig, ja sogar zentral bedeutsam, dass du dich als werdende Mutter in deiner eigenen Mitte stabilisierst und dich umfassend informierst.

Mutter, Frau, stärke deine Intuition. Sei stark! Werde mächtig!

Susanne
Ich habe mich offiziell von meinen Kolleginnen in die Schwanger-schaft und baldige Mutterschutzzeit verabschiedet. Meiner Arbeit nachzugehen und gleichzeitig die vielen Vorsorgetermine mit meinen Schwangerschaftsbeschwerden wahrzunehmen, schaffe ich nicht. Mir das einzugestehen, war ein länger dauernder innerer Prozess. Ich lag damit nachts wach, quälte mich, weil ich so gern gewissenhaft und zu-verlässig in der Firma bin. Seit ich meine klare Entscheidung für mich und mein Bauchbaby getroffen hatte, wurde mir leichter ums Herz.

Die Stunde mit meinen Kolleginnen war dann sehr schön und doch schmerzlich zugleich, weil wir schon seit über 10 Jahren ein erfolg-reiches Team sind. Alle wünschten mir das Beste. Doch ein Wermuts-tropfen schmeckt bitter. Ich komme bald wieder zu euch zurück, wenn auch nur stundenweise oder online. Lasst mir das erste Viertel-jahr Zeit. Eine Kollegin schaute mich kaum an, seit sie von meiner Schwangerschaft erfuhr. Sie tuschelte hinter meinem Rücken, dass ich zu alt sei und was ich mir rausnehmen würde, mich so frühzeitig krankschreiben zu lassen. Sie müsse nun umso mehr Arbeit auf sich nehmen. Vieles bleibe allein an ihr hängen.

Sie selbst hat keine Kinder, es war ihr nicht vergönnt. Sie war immer im Arbeitsprozess und erlebte keine Auszeit, keine Elternzeit. Sie sah immer nur dabei zu, wie eine Kollegin nach der anderen wegen Schwangerschaft und Elternzeit ausfiel.

Wir haben uns im Team leider nie darüber ausgetauscht und ausgesprochen, obwohl es aus meiner heutigen Sicht ganz nötig und hilfreich gewesen wäre. Stattdessen habe ich mir ein dickes Fell zugelegt und wenig über meine Schwangerschaft und mehr über unsere tatsächliche Arbeit gesprochen. Auch habe ich mich zunehmend unwohl gefühlt und bin lieber etwas früher in den Krankenstand gegangen. Den ätzenden Blicken und knappen Spitzen eines mir meine Position neidenden Mitarbeiters aus einer anderen Abteilung bin ich ausgewichen. Das wollte ich mir nicht geben.

Ob ich meine Zusage beim Abschiedsfrühstück einhalten werde, steht in den Sternen. Ich versprach großzügig: Ich komme bald wieder zu euch zurück, wenn auch nur stundenweise oder online. Lasst mir das erste Vierteljahr Zeit. Ich schaffe das und lasse euch nicht allein.

Reich bedacht mit einem Blumenstrauß und gehäkelten Babyschuhen, dazu liebevoll verpackte Schmökerbücher, sitze ich noch eine Weile in meinem Auto. Dieser Abschied wird für länger sein. Beim Versuch, mich anzuschnallen, brechen dann doch Tränen aus mir heraus, die ich bis dahin tapfer verbarg.

Wehmütig und doch erleichtert lege ich den Gang ein und rolle langsam ein letztes Mal vom Parkplatz. Ich trete meine Mutterreise ins unbekannte Land allein mit mir und meiner Familie an.

Mein Bauch ist im Weg, als ich die vielen Geschenke und Blumen ins Haus trage. Die Schuhe streife ich einfach mit den Hacken ab. Sie fliegen durch die Luft. Ich kann mich nicht mehr gut bücken, um sie ins Regal zu stellen. Also müssen sie liegen bleiben.

Die zunehmende Unordnung in meinen Zimmern stört mich. An Mariechens Spielsachen habe ich mich gewöhnt. Doch meine eigenen Sachen bleiben einfach immer öfter auf der Strecke und das macht mich nervös. Ich schaffe es nicht mehr, Ordnung zu halten. Gerade so kann ich mich noch selbst pflegen. Wenn ich mich für einen der unzähligen Termine in der Stadt zurechtgemacht habe, bin ich eigentlich schon am Kräftelimit.

Zum Glück hatte ich rechtzeitig die Mütterfürsorgerin kontaktiert und gebucht. Jetzt ist es soweit, dass sie ihren Dienst bei uns so richtig beginnt. Manchmal erscheint es mir, als sei ich zum klaren Denken kaum noch fähig. Es hat sich eine ewig lange To-Do-Liste aufgestaut. Ich habe viel zu wenig davon umgesetzt. Ich schaffe es einfach nicht. Der Druck steigt. Am liebsten würde ich mich nur auf meiner Couch ausruhen und genießen. Doch das ist mir nicht so vergönnt, wie ich es gern hätte. Puh, ich scheine verloren.

Einladung:

Hast du gerade etwas Ruhe? Dann atme mal durch und lausche meiner Stimme.

Mutterschutzzeit beginnt

Susanne

Die zerbrochene Müslischale unterm Küchentisch versprengte ihren Inhalt über den ganzen Fußboden. Mit meinem großen Bauch komme ich nicht mehr so gut runter, geschweige denn elegant wieder hoch. Ich ersehne mir eine Zauberputzfee herbei, die uns wöchentlich hilft, unser Haus in Ordnung zu halten. So knie ich mich ächzend mit Sodbrennen im Hals hin und klaube dann doch die Scherben zwischen angeklebten Haferflocken heraus.

Mein Töchterchen hatte es heute wieder schwer. Eine unbeherrschte Wut überkam sie am Frühstückstisch und überschattete unsere wenige Zeit zu dritt. Sie reagiert überraschend schnell emotional und hoch empfindsam. Unser kleiner Seismograf. Was sie wohl stört oder sonst so dahintersteckt?

Inzwischen lässt sie es ruhig zu, dass ich ihre langen Haare ausgiebig entfilze und bürste. Dabei erzähle ich ihr eine selbst ausgedachte Geschichte. Sie liebt die Nähe mit mir und hört still versunken zu. Auf diesen Trick brachte mich unsere Mütterfürsorgerin. Seit den ersten Gesprächen mit ihr über meinen Familienalltag gibt's von ihr immer kleine einfache Lösungsansätze, als würde es mir Sternschnuppen regnen. Unsere Morgenroutinen verlaufen seitdem entspannter.

Der Geburtszeitraum rückt näher. Die nächste heiße Phase beginnt. Der Übergang hierher war eine Tortur für mich. Tausend Fragen kreiseln in meinem Kopf, die auch des Nachts keine Ruhe geben. Ich liege lange wach, obwohl ich müde bin.

Irgendwas ist immer. Mein Bauch ist lebendig, klopft, zuckt, zappelt ausgerechnet dann, wenn ich in Ruhe bin. Dann ist meine Blase voll, ich muss öfter zur Toilette.

Hin und wieder zieht es in meinem Rücken und mein Bauch wird schon hart. Ich bin meist wachsam, nicht immer gelassen, achte auf jedes Zeichen. Es könnte bald losgehen. Dann beruhige ich mich wieder selbst und denke: Mein Baby wird sich zur richtigen Zeit auf den Weg machen. Nur wann genau wird das sein? Mein Mann schläft immer so ruhig neben mir. Er bekommt von all meinen Befindlichkeiten nichts mit.

Unsere Marie kuschelt sich zwischen uns und liegt oft auch noch quer in unserem großen Bett. Das kennen bestimmt viele Eltern und das scheint auch normal zu sein. Doch in dem Moment, wenn ich so müde bin, sind meine Nerven dünn. Dann bin ich nicht mehr ganz so freundlich und verständnisvoll, weil ich ja ungestört schlafen will und meinen Platz dafür brauche.

Wie soll ich das mit dem Baby nur hinbekommen, wenn ich mich aufteilen soll? Ich bleibe in der Hoffnung, dass sich das mit der jeweiligen Situation schon fügen wird. „Wir bekommen das hin" will ich immer wieder glauben.

Dass man im Mutterschutz viel Zeit hat, behaupten nur Menschen, die sie noch nie erlebt haben oder sich nicht mehr daran erinnern. Es gibt unendlich viel vorzubereiten. Woran ich alles denken muss! Eigentlich will ich doch zur Ruhe kommen, meinen schwangeren Zustand ausgiebig genießen, im Kontakt mit meinem Baby sein und auf die Signale meines Körpers achten. Der wird immer schwerer. Ich fühle mich wie ein gestrandeter dicker Pottwal.

Die Kühle der Wintermonate tut mir gut. Meine Beine sind weniger geschwollen. Ich passe kaum noch in meinen dicken Daunenwintermantel. Die Stiefel sind unpraktisch, so wie viele andere elegante Kleider, auf die ich momentan verzichte. Ich schlüpfe in weniger schöne, klobige Stiefeletten. Für den guten Zweck, mein Mutterschiff, wie ich meinen Körper liebevoll nenne, nehme ich diese Unannehmlichkeiten in Kauf.

Meine Gynäkologin bestellt mich nun jede Woche ein. Sie überwacht mich von Anfang an sehr regelmäßig. Einerseits finde ich es praktisch, dass sie in allen Untersuchungen aufmerksam und gründlich ist. Andererseits störe ich mich an ihrer pessimistischen Art. Aufgrund meines fortgeschrittenen Alters schlägt sie mir alle notwendigen und zusätzlichen Untersuchungen als unumgänglich vor. „Vorsichtshalber" passt zu ihr als zweiter Vorname. Ich fühle mich manchmal wie ein Versuchskaninchen.

Oft traue ich mich nicht, meine Zweifel laut kundzutun. Ich habe eine gute Intuition und ein ziemlich deutlich ausgeprägtes Körperempfinden. Ja, ich gehöre diesbezüglich zu den sensitiven Menschen. Das macht es mir in so manchen Momenten nicht leichter. Ich fühle so stark und kann schwer über etwas schnell hinweggehen.

Doch genau hier bei meiner Gynäkologin fällt es mir schwer, mich ehrlich zu äußern. Schließlich trage ich eine Menge Verantwortung für einen ganz neuen Menschen in meinem Bauch. Was würde ich mir alles vorwerfen, wenn ich irgendeine Untersuchung unterlassen hätte und sich herausstellt, dass doch irgendwas mit mir oder meinem Baby nicht stimmt?

Mein Mann geht da auf Nummer sicher und appelliert an mein Gewissen. Könnte ich ihm das antun? Schließlich ist es ja auch sein Kind, das in mir heranwächst. Dieser ganze Druck nagt an mir.

Und es schleichen sich zunehmend bedrohliche Ängste und Zweifel in meinen Kopf. Ich bin geneigt, mich den Anforderungen und Anweisungen zu unterwerfen, die man mir bei der Vorstellung in der Geburtsklinik ausführlich zu Gehör bringt. Ich will von all den wenigen Prozent auftretender Komplikationen überhaupt nichts wissen. Es macht mich kirre und unruhig.

Ich schätze die Medizin für den Notfall sehr, dass sie wunderbare Lebensrettung und Hilfe bietet. Doch ich fühle mich gesund und vital, obwohl ich als späte Mutter als Risikoschwangere eingeordnet werde. Ich bin schwanger und habe vor, natürlich zu gebären. Das haben viele Frauen vor mir auf dieser Erde auch hinbekommen, sogar welche, die noch viel älter waren als ich. Warum soll ich da eine Ausnahme sein?

Doch die Klinikvorschrift ist eben so. Ich muss ja nicht alles annehmen. Ich brauche oft viel Kraft, um mich innerlich von all dem abzugrenzen. Ich spüre massive Widerstände in mir. Vielleicht kommt da mein kleines, bockiges Mädchen in mir durch. Oder ist es meine erwachsene, streitbare, reife Frauenstärke?

Je mehr ich mich selbst erforsche, umso mehr weiß ich, dass ich weder bockig noch boshaft bin. Ich bezeichne mich gern als starkwillig. Diese Eigenschaft steht mir gut.

Genau das ist es, was ich an meiner Marie lieben gelernt habe. Sie zeigt mir von Anfang an ihren eigenen freien Willen. Den wollen wir ihr nicht abtrainieren. Ich habe in dieser Hinsicht viel von meiner Tochter gelernt und bin ihr unendlich dankbar dafür, dass sie so ist, wie sie ist. Ich erkenne mich oft in ihr. Das Spiegelbild verblüfft mich.

Viel besser bekommt es mir, wenn ich mich auf einen Untersuchungstermin bei der Gynäkologin vorbereite, indem ich mir klar werde, was ich genau will und welche Fragen ich habe.

Mit meiner Mütterfürsorgerin habe ich mir mein Wertesystem erarbeitet und daraus meine Geburtsvorstellungen kreiert. Ich bin jetzt so eingestellt, dass ich es mir zur Gewohnheit gemacht habe, alles zu hinterfragen, was von außen an mich herangetragen wird. Ich nehme nichts mehr einfach so hin. Ich spüre, dass ich in dieser Schwangerschaft reifer geworden bin. Durch meine Arbeit mit Führungsverantwortung weiß ich, wie wichtig meine eigene innere Führung ist.

Mein innerer Leuchtturm weist mir meinen Weg. Der strahlt für jeden von uns anders, so wie jeder Mensch seinen inneren Kompass hat. Meine Nadel pendelt sich auf unantastbar und unerschütterliches Vertrauen ein. Ich bin mir sicher, dass ich mit Hilfe meiner mentalen geistigen Kraft im Einklang mit universellen Lebensprinzipien mein Baby gebäre. Da bringt mich keiner von ab.

Mein Körper ist genau dafür gemacht, dass ich ihn nicht zerdenke. Er ist mein Werkzeug zum Schwangersein, Gebären und Stillen. Ich lasse meinen wunderbaren kompetenten Körper seinen Job machen.

Naturphänomen: Die 7 juwelengleichen Gebärkräfte[1]

Susanne

Endlich weiß ich um diese magischen Gebärkräfte. Meine Mütterfürsorgerin spricht mit mir über diese Kompetenzen, um Frauen zu
stärken. Diese Gebärkräfte sind verblüffend logisch und einleuchtend.
Ich frage mich, wieso ich erst jetzt so präzise davon höre. Genau zum
richtigen Zeitpunkt.

Die Fähigkeiten sind dem Mutterkörper in die Wiege gelegt. Seitdem
ich mich damit beschäftige, fühle ich mich rundum leicht und gut ausgestattet. Ich vertraue mir selbst und meiner Natur.

Ich schwärme meiner Freundin, die schon drei Kinder geboren hat,
davon vor. Da sie so klein und zierlich ist, hat man vor ihren Geburten
immer ihr Becken vermessen und statuiert: „Da passt kein Kind durch,
also schneiden wir und holen es per Kaiserschnitt." Ich schlage meine
Hände überm Kopf zusammen.

Da frage ich mich mit meinem neu gelernten Urwissen, weshalb
Mutter Natur die Lockerung des mütterlichen Beckengürtels erfunden
hat, von der Ulrike erzählt hat. Das schafft unter der Geburt mehr
Platz. Hätte meine Freundin vorher davon gewusst, wäre ihr möglicherweise eine Bauchschnittgeburt erspart geblieben.

Wo sind die weisen Frauen und beherzten Handwerkerinnen, die
die Gesetze der Geburt bewahren und weitertragen?

Vom ganzen Verkaufsrummel um speichelechte Schnullerketten,
schadstoffgeprüfte Babybetten und Sieger der Wickelbodys halte ich
mich fern. Stattdessen liebe ich es, mit meiner neuen Beleghebamme
Christina über Wehen nachzudenken. Ich habe sie bis jetzt nie hinter-
fragt. Erst im angeregten Gespräch verstand ich genauer, was Wehen
sind und wie sie wirken.

---

[1] nach Dorothea Heidorn (deutsche Lehrhebamme *1947), Dorothea-Heidorn-Institut Gießen, Schule für
Mütterpflege und FamilienLotSinn®, www.familienlotsinn.de

Wehen sind eine Urkraft, die Energiewellen, die durch meinen Körper strömen und die Muskulatur meiner Gebärmutter rhythmisch bewegen. Oh ja, das habe ich beim ersten Mal mit Mariechen erlebt. Seltsamerweise waren die Schmerzen schnell vergessen, als sie vorüber waren. Wie von Zauberhand waren sie mit einem Male verwischt. Was schmerzlich bleibt, waren die Umstände rund um die Geburt.

Wehen sind eine gewaltige Urkraft, die durch meinen Körper rollen wird. Ich habe keine andere Wahl als abzutauchen, mich vollständig dem zunehmenden Rausch hinzugeben, um endlich zusammen mit dem Kostbarsten aller Wehenschätze an Land gespült zu werden.

An solchen Bildern orientiere ich mich und freue mich auf das vor mir liegende Ereignis, wenngleich die Angst im Gepäck mitreist.

Das Wissen um die vier Phasen einer Geburt schenkt mir und meinem Mann maximale Orientierung darüber, wie weit unser Baby noch von uns entfernt ist. Dabei spielen die unterschiedlichen Wehenintensitäten eine große Rolle. Weiß jemand, wodurch diese Energiewellen ausgelöst werden? Mythen ranken sich darum.

Ich lächle in mich hinein. Ich stelle mir gerade vor, meinen lieben Mann zur Geburtszeit über alle Maßen zärtlich zu lieben und vollkommen ineinander zu ruhen. Sein Sperma darf meinen Muttermund weich machen und mich in Liebe öffnen.

Ich will so gern eine orgasmische Geburt erleben, meine völlige Hingabe an Himmel und Erde. Gibt es eine Energie, die mich durchströmt, damit ich den Geburtswehenschmerz lustvoll und entrückt erlebe? Davon habe ich gehört. Ich bin mir sicher, dass es möglich ist. Das Oxytocin, dieser Liebeshormoncocktail meines Körpers, möge durch mich fließen.

In Gedanken durchfühle ich das Zusammenspiel unserer Körper, ich stelle mich auf unser Liebesspiel ein. Es wäre eine Wonne, unser Baby genauso voller Lust und Leidenschaft zu gebären, wie wir es gezeugt haben.

Meine Freundin Josi zuckt und reißt ihre Augen weit auf bei dem Gedanken, von dem ich ihr bei einer unserer Teestunden erzählte. Sie erinnert sich wieder an diesen Film, den wir vor vielen Jahren in einem Venusfeuer-Frauenkreis angeschaut haben: Birth, as we know it. Da stiegen Frauen ins Schwarze Meer, um umspült von Wasserwellen und umgeben von Delfinen ihre Babys im völligen Vertrauen zu gebären. So vieles wird möglich, je nachdem, woran ich glaube und was ich mir vorstelle.

Bedeutet das etwa, dass ich mir meine eigene Geburt kreieren kann, liebe Josi? Ich bin von mir selbst verblüfft und will dieser Frage weiter nachgehen.

Meine körpereigenen Hormone unterstützen mich sowieso durch meine Schwangerschaft und durch die Geburt. Was für ein Wunder, dass ich selbst schmerzstillende Botenstoffe zum Glücklichsein produziere. Mein Körper scheint ein Drogenlabor zu sein. Es ist an alles gedacht. Holla!

Mein Baby dreht sich Stück für Stück wie ein Slowmotion-Tänzer immer tiefer nach unten und damit nach draußen. Für diesen Weg muss ich ihm seine eigene Geschwindigkeit lassen. Es schraubt sich quasi mit jeder Wehe ein Stück mehr durch mein Becken und den Geburtskanal. Da wird's eng. Wie hält das mein Baby nur aus? Ahnt es den Ausgang oder sprichwörtlich das Licht am Ende des Tunnels? Der Weg geht da lang, wo er sich eröffnet. Was für eine schier einfache Weisheit.

Zudem ist das Kindsköpfchen verformbar, so dass es sich dem engen Kanal anpasst. Hast du gewusst, dass sich wegen der Konfiguration des kindlichen Schädels seine Schädelplatten ein wenig übereinander schieben, damit sich der Kopfumfang etwas verkleinert? Die Verformung sieht man nach der Geburt manchmal noch. Das verschwindet meist wieder von allein, weil sich das Baby entfaltet und rund und schön wird. Es bleibt nicht so zerknautscht, wie man es von Bildern kennt oder sagen hört. Ich stelle mir den ersten Anblick schon vor, wie ich meinem Baby tief in seine Äuglein blicke. Wem wird es wohl ähnlich sehen?

Josi sagt, dass sie bei ihrer ersten Geburt auf dem Rücken gelegen hat. Sie konnte sich kaum bewegen. Daraufhin gab's Komplikationen. Wenn ich mich nur ein bisschen physikalisch auskenne, dann könnte doch prinzipiell ausgeschüttet werden, was heraus soll. Also richte ich mich doch senkrecht auf, so dass die Schwerkraft für mein Kind mitwirken kann. Die Anziehungskraft zur Mutter Erde hilft mit.

Ich nehme mir ganz fest vor, dass ich in meinen Gebärplan diese aufrechten Gebärpositionen hineinschreibe, damit mein Mann und meine Hebamme Bescheid wissen und mich daran erinnern. Wie ein Säugetier z.b. im Vierfüßlerstand zu gebären, ist mir zwar noch etwas fremd, aber wenn es dadurch leichter und einfacher geht, dann will ich es so schon mal an meinem Bett üben.

Ulrikes weise alte Mutter gab ihr immer kleine Predigten mit auf den Weg. „Um zu lernen, brauchen wir uns nur in der Natur umzuschauen" ist eine davon.

Ich vertraue Mutter Natur auch hundertprozentig. Ich will gar nichts anderes mehr denken oder mich verunsichern lassen.

Woher ich das unerschütterliche Vertrauen nehme?
Ich habe mich lang und breit damit beschäftigt, wie ich gebären will. Umfassende Informationen von Hebammen haben mir sehr dabei geholfen. Ich gebe die Verantwortung jetzt nicht mehr an meine Gynäkologin oder Hebamme ab. Ihre Rolle ist es, zu unterstützen, zu überwachen und zu stärken. Ich nehme die Verantwortung jetzt endlich zu mir selbst. Niemand außer mir gebiert mein Kind. Diese Erkenntnis führt mich viel mehr zu mir selbst als je zuvor.

Vor allem meine Erfahrungen aus meiner ersten Geburt zeigen mir das krasse Gegenteil. So wie damals will ich es nicht haben. Ich bin stark geworden, weil ich meinen Weg gehe. Hans-Thomas vertraut mir. Seine Rückendeckung gibt mir Kraft.

Was meinst du, liebe Josi?

Josi: „Wenn es mir noch mal vergönnt sein wird, ein viertes Kind zu empfangen, dann würde ich ebenso entscheiden. Ich habe nichts zu verlieren. Ich habe ja alle Geburtsarten und Interventionen erlebt. Doch noch nie hatte ich so eine Vorstellung von einer kraftspendenden und selbstbestimmten Geburt."

Josi hat recht. Mit Hilfe meiner Einwilligung in meine eigenen Fähigkeiten, meine weiblichen Gebärkompetenzen, mit dem Wissen um die Gebärkräfte, mit meiner Hebamme Christina und dem Beistand meines Mannes werde ich gut gebären. Seitdem ich um diese Kräfte weiß, bin ich zuversichtlich, dass ich, dass wir es schaffen.

Geburtsplan:

Hier erfährst du, was ein Geburtsplan ist und wie du ihn anwendest!

Endspurt

Susanne

Pünktlich um zehn startet die Meetingzeit – die alte Konditionierung wirkt nach. „Ab jetzt ohne mich", realisiere ich langsam.

Hans-Thomas führt fokussiert in den letzten verbleibenden Wochen bis zur Geburt sein Unternehmen. Er wirkt gestresst, hat kaum ein Ohr für mich oder meine Pläne und sitzt daheim oft bis Mitternacht im Arbeitszimmer. Das sei alles für uns, meint er. Er nimmt sich vor, zwei bis drei Wochen nach der Geburt seine Auszeit zu nehmen und nur für unsere Familie da zu sein.

Ich kenne ihn gut. Er ist ein Machertyp. Mir zuliebe sucht er für seine Arbeit einen Stellvertreter, der ihn während der Vaterzeit vertritt. Das ist ganz schön mutig von meinem Mann und vor allem ein großer Aufwand wegen der Übergabe aller Projekte. Verantwortung zu übertragen, die Kontrolle ein Stück abzugeben, fordert ihn sehr heraus. Ich hoffe, dass er mir das nicht mal irgendwann vorwirft, dass ich ihn gedrängt hätte. Was, wenn's schiefläuft?

Ich muss diese Gedanken ausblenden, zuversichtlich sein und vertrauen. Er wird eine gute Entscheidung treffen. So wie ich hier verantwortlich dafür bin, unser Baby auszutragen und unter allen Umständen gut zu gebären, die ganzen Strapazen der Anfangszeit durchzustehen.

Manchmal überlege ich und bin regelrecht verunsichert, ob ich mir ein wenig seiner knappen Zeit für unsere Zärtlichkeit wünsche. Ich sehne mich oft nach seiner körperlichen Nähe, nach seinem Wesen, dass er mich in den Arm nimmt und mit mir und Marie am Abend einschläft.

Die Zeit naht, wo wir endlich unsere Strategie für die Geburt und die Wochenbettzeit festzurren müssten. Denn ich will auch vorbereitet sein und mich auf ihn verlassen können.

Manchmal ärgert es mich, dass er zu viel arbeitet und ich werde unendlich traurig. Ich hatte mir gewünscht, dass er etwas mehr Zeit mit mir und unserem Babybauch verbringt. Sein Limit ist erreicht. Er schläft schon nach wenigen gemeinsamen Momenten auf der Couch ein. Seine Augen fallen zu. Er atmet geräuschvoll lang und tief in sich versunken.

Ich kann's ja verstehen. Seine tägliche To-Do-Liste quillt über. Wie er alles schaffen will, bleibt mir ein Rätsel. „Ich mache so viel für dich", ist seine Art, mir seine Liebe zu zeigen. Er räumt am Abend sogar schnell die Küche auf, weil ich es am Tage nicht schaffe. Er liebt und braucht die Ordnung, die Zeit dafür wird jedoch von unserem Zweisamkeitskonto abgebucht.

Seine Art zu respektieren und zu lieben fällt mir schwer zu lernen, weil meine Sehnsucht nach Nähe ungestillt bleibt. Ist es wirklich wahr, dass nur er die erfüllen kann? Oder klafft da etwa eine Wunde in mir aus Kindertagen, nicht genug emotionale Zuwendung von meinem Vater erhalten zu haben?

Große kleine Schwester

Susanne

Nach der Kitazeit bin ich mit unserer Vierjährigen allein. Marie ist ein aufgewecktes, fantasiereiches Mädchen. Wie wird sie die erste Zeit verkraften, wenn ich nicht mehr ausgiebig mit ihr spiele, was sie so sehr liebt? Seit ein paar Wochen wirkt sie extrem anhänglich. Sicher spürt sie meine Veränderungen. So langsam ziehe ich mich in meine innere Gebärhöhle zurück. Da finde ich die Ruhe, schotte mich vom Alltagstrubel ab.

An einen Geschwisterkurs habe ich schon gedacht. Den mute ich ihr nicht zu. Dafür ist sie nicht bereit. Ihr reichen schon ein paar anstrengende Vormittagsstunden in der Kita. Wir geben daheim unser Bestes, um sie so gut wie möglich auf die veränderten Familienumstände und ihr neues Geschwisterchen vorzubereiten. Die bebilderte Geburtsgeschichte für Kinder, welche meine Mütterfürsorgerin für Marie zum Vorlesen empfohlen hat, liebt sie. Nahezu täglich schnappt sie sich das Büchlein und blättert darin. „Schau mal Mama, die Mütterfürsorgerin ist unsere Ulrike, die zum Helfen kommt."

Wir spielen die Szenen des Buches nach, drehen eine Nabelschnur aus einer Kordel und heften sie der kleinen Puppe Lotti an den Bauch. So wird auch für Marie detailliert eine Geburt begreifbarer, so wie sie es im Büchlein sieht.

Mutter als Wochenbetthelferin

Susanne

Die Begegnungen mit unserer Mütterfürsorgerin stabilisieren mich wie Eckpfeiler, weil meine Gefühle Achterbahn fahren. Ulrike ermutigt mich, schenkt mir von Mal zu Mal neue Hoffnung. Sie hilft mir, so zu leben, wie ich es mir wünsche. Bei jedem Treffen zaubert sie das passgenaue Tagesangebot hervor, als ob sie eine Vorahnung hat, was ich momentan brauche.

Ich staune immer wieder, dass sie mein Wohlergehen als Frau und Mutter in den Mittelpunkt rückt. „Du bist das Wichtigste", sagt sie und meint es ernst damit. Wann kam das das letzte Mal in meinem Leben vor? Sie verspricht, dass ich zuerst genährt und versorgt werden müsse. Erst dann kommt alles andere. Wenn ich's richtig bedenke, dann schmeichelt mir der Gedanke und beschämt mich gleichzeitig.

Darf ich so viel Unterstützung annehmen? Zweifel dröhnen mir durch den Kopf. Wo ich herkomme, ging es eher nüchtern und hart zu. Das Motto war, nicht zimperlich zu sein und alles allein ohne Hilfe zu schaffen.

Es fühlt sich wie ein himmlisches Geschenk an, dass ich mich zurücklehnen darf und jemand uneingeschränkt für mich sorgt und meine Bedürfnisse wahrnimmt, die sogar erfüllt werden. Ulrike antwortet dann immer ganz herzlich: „Wenn es dir gut geht, dann geht es deinen Kindern gut. Wenn du lächelst, lächeln deine Kinder. Wenn du zufrieden bist, kannst du Frieden verbreiten. Du bist die Wurzel, die Basis, die Quelle. Du als friedvolle Mutter bist das Lebensfundament für selbstbewusste und friedfertige kleine Menschen deiner Familie."

In der Vorbereitung der Zeit rund um die Geburt schaut Ulrike mit mir intensiv, wer mir zuverlässig den Rücken stärkt und mich bemuttert, wie sie es formuliert. Vielleicht meine Mutter? Da trifft sie einen wunden Punkt. Ich kann meine Mutter rund um die Geburtszeit nicht im Haus haben. Es schmerzt mich, das bei den Gesprächen mit Ulrike zu bekennen.

Einerseits krampfen sich meine Kiefer zusammen, wenn ich es ausspreche. Andererseits tut es mir in der Seele weh, dass ich ihr den Zugang in unser Haus und in meine Nähe verwehre. Ich glaube schon an die Theorie, dass die eigene Mutter die allererste Vertraute und intime Frau an meiner Seite sein kann. Doch als Mutter von ihr genauso wie mein Baby liebevoll in mein neugeborenes Leben als Mama hinein begleitet zu werden, überwältigt meine Vorstellungskraft.

Ich empfinde meine Mutter als übergriffig, wenig rücksichtsvoll und unempathisch. In ihren Augen bin ich immer noch ihr Kind, über dessen Meinung sie hinwegfegt, wie sie es früher schon tat. Das hat bei mir echte Spuren hinterlassen.

Ulrike erzählt vom Grandma-Teaching, welches sie anbietet. Das ist eine Art Geburtsvorbereitung fürs Großelternwerden. Dabei wird die innere Haltung gegenüber dem erwachsenen Kind, welches nun selbst Mutter oder Vater wird, angeschaut und neu ausgerichtet. Bestenfalls entsteht eine verwandelte Beziehung auf Erwachsenenebene. Ich erwärme mich an der Vorstellung, meine Mutter wäre eine Wochenbetthilfe für mich und als Großmutter für Marie eine Bereicherung, so wie meine Oma Gretchen das für mich war.

Ich bin nicht sicher, wie ich meine Mutter Lina dafür aufschließe. Ob sie sich überhaupt für meine Lebenssituation interessiert und ich ihre praktische Hilfe will? Oma Gretchen würde bedingungslos da sein. Warum sie und nicht meine Mutter? Ich heule. Wo sind die Großmütter? Habe ich etwa zu hohe Erwartungen an den Menschen, der mich großgezogen hat?

Meine Mutter hat noch immer viel in ihrem Leben vor und kaum Zeit. Mit all meinem Mut und dem Zuspruch meiner Mütterfürsorgerin wage ich zumindest am Telefon, sie vorsichtig zu fragen: nur für die Zeit, wo ich im Kreißsaal bin und ein paar Tage dazu, während ich auf der Wöchnerinnenstation bleibe, damit ich Marie zuhause gut versorgt weiß.

Solange Ulrike bei mir ist, empfinde ich viel mehr emotionale Stabilität im Alltag. Es ist wunderbar mit ihrer ganzen Präsenz, ihrer Ruhe, ihrer Gelassenheit, und vor allem ihrer Güte, die sie mir gegenüber und meiner Familie ausstrahlt. Selbst mein Mann sagt, dass wir eine große Sicherheit gewonnen haben, auf die wir vertrauen und in der nächsten Zeit bauen können, wenn das Baby kommt und da ist.

Auch wenn wir uns noch nicht täglich sehen, so ist Ulrike stets ansprechbar. Zusätzlich zu meiner Beleghebamme ist sie mein Vertrauensmensch, tut meiner Seele mit ihrem umfassenden Verständnis und ihrer Art einfach gut und hat echt viele Tipps aus ihrem Erfahrungsschatz parat.

Das Besondere ist, dass sie oft intuitiv das Richtige tut. Sie fühlt sich so sehr in mich und meine Situation ein, dass sie mir das Gefühl von Nähe und Verständnis gibt. Sie fragt mich manchmal vorsichtig, ob ich offen sei für eine Ansprache, eine Seelenbewegung, die sie mit ihrer Feinspürigkeit wahrnimmt.

Da geht's schon bisweilen magisch zu auf meiner Couch. Während sie mir meinen Rücken und vor allem meine Füße ausstreicht, massiert und eincremt, berührt sie mein Inneres, wie sie leise lächelnd erklärt. Daraus entstehen wahrhaftige Gespräche mit Mehrwert. Ich erkenne und bereinige mit ihrer Hilfe so manches Hindernis, welches ich vor der Geburt noch aus dem Weg räume. Sie meint gern: „Wir machen den Geburtsweg auf Seelenebene frei, dann rutscht dein Baby besser durch deinen Körper."

Ha, das Notfalltelefon der Kita klingelt, während ich von Ulrike den Rücken massiert bekomme. Ich muss Marie abholen, weil sie im Garten gestürzt ist und sich überhaupt nicht mehr beruhigt. Dabei wollte ich heute die kostbare Alleinzeit mit Ulrike genießen und die Strategien für die Geburtszeit durchsprechen.

Den Leitfaden dazu habe ich von ihr. Einen Fahrplan zu besitzen, macht es mir leichter und entlastet mich und meinen Mann kolossal. Nichts liegt mir ferner als diese Laissez-faire-Mentalität a la „IRGEND-

WIE wird's schon werden". Ich bin gern sorgsam vorbereitet, so meine Strategie, die sich in meiner Arbeit schon tausendfach bewährt hat. Das macht mich ruhig und sicher.

Könnte bitte heute irgendjemand anderes Marie abholen? Mein Steißbein tut mir arg weh. Seit gefühlten vier Monaten drückt es mich so sehr, dass ich nur noch in Schonhaltung und nach vorn gebeugt gehe. Ich weiß manchmal nicht weiter. Trotzdem binde ich mir meinen stabilisierenden Beckengurt um, der mich wie ein viel zu enges Korsett martert. Lang halt ich es mit dem nie aus. Ich will zur Kita losstürzen. Da greift Ulrike ein: Dankbar unterschreibe ich ihr die Abholvollmacht, damit sie Marie zu mir bringt.

Seit der Geburt von Mariechen, die mit einem Dammschnitt endete, schmerzen mich mein Beckenboden und mein Steißbein. Sogar beim Sex mit meinem Mann tut mir mein Becken weh. Die schwierige Geburt und vor allem die ersten Monate danach gingen wir auf dem Zahnfleisch durch die Hölle. Die wollen wir mit aller Kraft vermeiden. Auch deswegen organisieren wir den Lebensanfang mit unserem zweiten Baby sorgsam und bauen präventiv für alle Eventualitäten vor.

Wochenbettzeit-Planung:

Dein 10-Schritte-Plan, um deine Wochenbettzeit vorzubereiten.

Entlastung mit Haushaltshilfe

Susanne

Ulrike hatte angekündigt, dass sie sich um eine Haushaltshilfe kümmern wird. Das geht ziemlich einfach aufgrund einer Verordnung, die mir bis dahin fremd war. Davon berichtete mir bisher niemand. Ich beantrage mit einem einfachen Formular bei meiner Krankenkasse eine Bezuschussung für eine Haushaltsweiterführung.

Tatsächlich haben wir eine sehr kompetente Frau gefunden, die sich unseres Hauses annimmt und für Entlastung sorgt. Ich habe mit ihr ausführlich darüber gesprochen, was ich mir wünsche. Wir sind uns sympathisch und ihre Referenzen ausgezeichnet. Sie versteht, worauf ich in meiner wichtigen Zeit besonderen Wert lege: Ich brauche Ordnung und Reinheit um mich herum, damit ich entspannen kann.

Als Mutter weiß sie, worauf's ankommt. Bis zur Geburt wuppt sie zwei- bis dreimal in der Woche vom Waschkeller bis zum Obergeschoss den täglichen Kreislauf von Wäschebergen, Küchenkochgeschirr und Staubflusen. Nach der Geburt kommt sie erst mal täglich zu uns. Karin liebt die Tätigkeit in Neugeborenenhaushalten. Die Arbeit in einem Haushalt ist gerade für Schwangere und junge Mütter sehr anstrengend. Diese sehr kostbare und wertvolle Mütterhilfe müsste viel mehr Beachtung finden.

Ich muss zugeben, dass es mir schwerfällt, Aufgaben abzugeben. Einen anderen Menschen in meinen intimsten Wohnbereich einzulassen, um meine Dinge zu ordnen und zu reinigen, ist ein großer Schritt. Mein Mann und ich haben das bisher allein ohne fremde Hilfe hinbekommen. Erst jetzt, durch die Gespräche mit Ulrike verstehe ich, dass ich es mir wert bin, mich beim Mutterwerden unterstützen zu lassen.

Wir müssen nicht alles alleine schaffen. Das wäre ein Trugschluss und bringt uns an unsere persönlichen Grenzen. So wie in meinem Arbeitsteam verteile ich jetzt auch zuhause Aufgaben. Das war am Anfang befremdlich, jetzt fühlt es sich wie ein Segen an.

Unterstützung:

So beantragst du in 7 Schritten eine Haushalts-Hilfe bei deiner Gesundheitskasse.

Im Sitzstreik

Susanne

Ich rechne diesmal damit, dass unser Kleines sich eher auf den Weg machen wird als errechnet, so wie beim ersten Mal schon. Nach meinem heutigen gynäkologischen Untersuchungstermin sinke ich jedoch weinend zusammen. Jetzt brauche ich vertraute Menschen um mich.

Ich verabrede mich umgehend mit meiner Hebamme Christina. Und Ulrike rufe ich auch an: Denn mein Baby sitzt im Bauch, es ist in Beckenendlage, also Po unten und Köpfchen oben. Wieso habe ich nicht mitbekommen, dass es sich noch mal gedreht hat?

In meinem Kopf hämmern die Worte meiner Gynäkologin, dass ich mich in kürzester Zeit auf einen Kaiserschnitt vorbereiten muss. Den Termin in der Geburtsklinik soll ich zügig vereinbaren. Diese Hiobsbotschaft haut mich schier um. Dieses Mal sollte doch alles gut werden! Ich will eine spontane natürliche Geburt, die angenehm ist, keinen geplanten Bauchschnitt. Das macht mir Angst. Ich weiß inzwischen um die langfristigen Folgen für meine und Babys Gesundheit, über die kaum jemand spricht.

Entkräftet liege ich auf der Couch und schniefe in mein Taschentuch. Ich kann gerade so die Tür öffnen, als Ulrike kommt, die sich viel Zeit für mich nimmt und lange neben mir sitzt. Meine Hände liegen auf meinem großen Bauchballon. Heute gluckst es darin nicht so fröhlich. Ich atme mich durch den Schrecken hindurch. So wie schon meine Hebamme am Telefon einfühlsam und beruhigend sprach, tut es mir echt gut, jetzt menschlich warm von Ulrike aufgefangen zu werden.

Ich kann nur noch weinen und bin traurig. Die Worte der Diagnose und das Gesicht der Gynäkologin zucken wieder und wieder durch meine Gedanken, die ich am liebsten ausreißen möchte. Ist das alles gerade real oder bin ich in einem schlechten Traum und wache hoffentlich gleich auf?

Ulrike stellt mir einen warmen Tee an die Seite und stopft mir eine Wärmflasche in den Rücken. Zu alledem ist dieses Frühjahr recht kühl, die grauen Wolken versprühen nasskalten Nieselregen bis in meine Glieder. Mich fröstelt. Woran liegt das denn?

Ich werfe mir vor, nicht genug für mein Baby getan zu haben. Ich frage mich sogar, ob es mitbekommen hat, dass ich mich erst mit seinem Geschlecht anfreunden musste. Soll das wirklich Einfluss auf die Lage in meinem Bauch gehabt haben? An welcher Stelle habe ich mich nicht richtig verhalten? Warum ist es nicht in Geburtsposition? Hat es überhaupt noch ausreichend Platz im Bauch, um sich allein zu drehen? Schluchzend bekommt Ulrike meine Wortfetzen ab.

Meine Hebamme sprach von einer möglichen Wendung, so dass sich mein Baby mit dem Köpfchen wieder nach unten in eine 1A-Geburtsposition dreht und seinen Ausgang ohne Schnitt von selbst findet. Nur dafür dürfte es für die wenigen verbleibenden Wochen bis zur Geburt zu spät sein. Es gibt wohl Fristen und nur wenige ausgebildete Hebammen oder Gynäkologen, die dieses Handwerk beherrschen. Wie soll ich da so schnell jemanden finden und kurzfristig einen Termin bekommen?

Ich schmeiße den aufkeimenden Hoffnungsschimmer hin und ergebe mich meinem Schicksal. Ich gebe auf. Ich mag nicht mehr kämpfen. Meine vollgeheulten Taschentücherknäuel säumen meinen Couchplatz. Ich bin unendlich traurig.

Wieso kann ich eigentlich nicht mein Baby aus der Beckenendlage natürlich gebären? Eine spontane Beckenendlageentbindung unterstützen nur wenige Kliniken, sehen sich handwerklich dazu nicht in der Lage. Und um das Risiko zu minimieren, wurde mir eben deswegen ein geplanter Kaiserschnitt angeboten. Ich bin in einer Zwickmühle.

Ulrike sitzt immer noch geduldig bei mir, schaut von Zeit zu Zeit auf die Uhr und notiert sich was, schaut dabei in ihre Unterlagen. Es gibt ja keine Zufälle, meine ich. Wie ein Lichtblitz durchfährt es mich, als ich mich an ein Telefonat mit einer entfernten Freundin vor wenigen Wochen erinnere, die mir von einer äußeren Wendung ihres Babys berichtete. Dabei erzählte sie von einer Expertin, die für ihre Art und ihr Handwerk bekannt sei. Fügungen geschehen zum rechten Moment.

Ulrike bestärkt mich, diesen Funken Hoffnung zu überprüfen und abzuklären, was möglich sei. Vielleicht ist es ein Wink des Schicksals und ein Pfad zu einer sehr schmalen Tür zu meinem Ziel.

Sollte ich das erst mit Hans-Thomas besprechen, ihn in die ganze Aufregung einbeziehen? Ich würde ihn wahrscheinlich unnötig in Sorge versetzen. Er arbeitet angestrengt. Wenn ich ihn jetzt telefonisch rausreiße, denkt er, die Wehen gehen los. Das wäre für ihn zusätzlicher Stress.

Also beschließe ich, ihn lieber nicht zu überfallen und stattdessen mit Hilfe von Ulrikes Klarheit die nächsten Schritte zu organisieren. Schließlich bin ich diejenige, die unser Baby im Bauch trägt und die Führung innehat. Ich straffe mich und richte meinen Körper auf. Ich erinnere mich an meine Affirmation, die ich mit Ulrike erarbeitet habe. Ich steuere fokussiert mit meinem Kompass auf das beste Ziel zu, das ich mir wünsche und halte dabei mit all meiner mentalen und geistigen Kraft mein Ruder fest in meinen Händen.

Mit Ulrike an meiner Seite fühle ich mich emotional stabil und sicher. Sie hält mich durch diese stürmische Phase auf Kurs. Ich greife zum Telefon und wähle die Nummer dieser Expertin. Es gibt keine bessere Zeit als jetzt.

Zu meiner Überraschung gelingt sofort ein Gespräch mit Frau Dr. Kühne. Sie bietet mir für den übernächsten Tag eine Untersuchung und die äußere Wendung an. Schier baff von dieser raschen Hilfe setze ich mich auf und spüre neue Kraft. Ulrike holt inzwischen mein Töchterchen von der Kita ab, sodass ich mich dem Telefonat in Ruhe zuwende.

Die Frau Dr. wirkt beruhigend auf mich. Am Telefon nimmt sie sich lange Zeit für mich und meinen Umstand, der mich in zitternde Not versetzt. Mit ihrer einfühlsamen Stimme richtet sie mich seelisch auf, erklärt ihre Vorgehensweise und die anschließenden Folgen. Es könnte sein, dass sich mein Baby bei der Wendung unmittelbar auf den Weg machen will. Dann hätte ich schon übermorgen mein Kind im Arm. Ich bin aufgeregt und schnappe nach Luft. Mir wird schwindelig.

Einerseits wünsche ich mir sehnlichst eine natürliche Geburt und lehne einen geplanten Kaiserschnitt ab. Andererseits überschlagen sich die Ereignisse! Wie soll ich so schnell planen und alles organisieren, um schon in zwei Tagen unser Baby zu gebären? Eigentlich sind noch fünf Wochen Zeit …

Inzwischen kehrt Ulrike mit der fröhlich hüpfenden Marie aus der Kita zurück. Der Redeschwall aus ihrem kleinen Mund überflutet all meine Gedanken an die besondere Geburtsvorbereitung mit Frau Dr. Kühne. Immerhin kommt mir die bevorstehende einstündige Fahrt in meinem hochschwangeren Zustand wie eine Weltreise vor.

Ulrike behält die Übersicht und notiert für mich die nächsten Schritte. Ich rufe nun doch Hans-Thomas an. Wir sprechen den übermorgigen Termin ab. Er wird mich begleiten und lässt mich keinesfalls in dieser Situation allein. Mit einem liebevollen Seufzer verabschieden wir uns vorerst am Telefon bis zum Abend.

Es bedeutet also jetzt, die Kliniktasche vollständig zu bestücken und sogar Babysachen einzupacken. Denn ich soll 24 Stunden zur Beobachtung auf Station bleiben, falls doch meine Wehen einsetzen.

Marie spürt meine Aufregung und tobt um mich herum. Wohin mit ihr, wer holt sie aus der Kita und bleibt bei ihr, bis Hans-Thomas voraussichtlich erst am Abend wieder bei ihr sein kann? So viele organisatorische Fragen. Meine Hoffnung auf den Plan sinkt schon wieder gegen null. Denn der immense Aufwand erscheint mir zu riesig und überfordert mich. Doch sobald ich an mein Ziel denke, werde ich stärker und vergesse nahezu alle Anstrengungen.

Ich benötige zur Vorlage in der Praxis für Frau Dr. Kühne einen Überweisungsschein meiner Gynäkologin. Ihre Praxis liegt in einem anderen Stadtteil und die Uhr zeigt fortgeschrittenen Spätnachmittag an. Ich muss in eine andere Stadt reisen, möglicherweise dort unser

Baby gebären. Das bedeutet, dass Besuche meines Mannes wegfallen, weil er sich intensiv um Marie kümmern müsste. Ein Familienzimmer für die ersten zwei Nächte mit unserem Baby und Hans-Thomas rückt in weite Ferne.

Soll ich wirklich diesen Weg weitergehen? Die Zweifel nagen an mir. Mit Ulrike an meiner Seite plane ich dann doch mutig. Sie hält mit mir meinen Fokus und erinnert mich an mein Ziel, an den schmalen Pfad und dass sie jetzt bei mir bleibt, bis wir alles organisiert haben.

Während sie mich und den Plan im Visier hat, kümmert sie sich um Marie und hält mir den Rücken frei. Ich spüre wieder Kraft in meinen Gliedern. Ich werde zuversichtlich und leichter. Mein Baby braucht auf diesen Schrecken meine ruhige Stimme. Ich gebe ihm Signale, dass sich alles zum Besten fügen wird, und ich es beschütze, so gut ich kann. Ich schnaufe durch, verinnerliche mich mit meinen Händen am Bauch, sodass ich einen Moment lang nur bei dir bin, mein kleines Kind. Ich freu mich, dich bald zu sehen!

Ich widme mich wieder der Organisation und rufe in der Klinik bei Frau Dr. Kühne zurück, bestätige den Termin: übermorgen früh, abgemacht. Der schmale Pfad stellt sich als gangbarer Weg heraus. Welche Fügung, dass Ulrike in der Gegend wohnt, wo ich den Überweisungsschein für die äußere Wendung, bitte in Originalausführung, abholen soll. Mit meiner Vollmacht ausgestattet, bringt sie ihn am nächsten Tag mit. Check.

Am Ende der Woche bin ich erleichtert und glücklich. Hans-Thomas spricht in höchsten Tönen über die bewundernswerte Leistung von der Ärztin, die uns relativ schnell und sicher aus unserer hoffnungslos scheinenden Lage befreit hat.

Die Wendung ist geglückt. Innerhalb weniger Minuten führte die geschickte Frau Dr. Kühne mein Baby sehr sanft in die natürliche Geburtsposition. Es klingt wie ein Märchen. So wenige und doch so lebensverändernde Handgriffe. Wir sind unfassbar glücklich.

Hans-Thomas holte mich heute aus der Klinik ab und brachte uns sicher heim. Dort wartete Ulrike mit unserer kleinen Marie in unserem Zuhause. Marie springt mir in die Arme, als wir die Haustür öffnen. Ich erlebe sie tanzend, frei und ausgelassen. Noch nie zuvor war sie nachts ohne mich. Nun durfte sie das erste Mal mit ihrem Papa erfahren, dass sie auch ohne mich einschlafen kann. Das war eine gute und unfreiwillige Vorbereitung für Marie, wenn unser Baby angekommen ist.

Alles wirkt frisch und aufgeräumt in unserem Zuhause, denn die zuverlässige Karin hat heute früh schon das Haus willkommensfreundlich entstaubt und aufgefrischt. Die Babyautositzschale und die Kliniktasche lassen wir am besten gleich im Kofferraum. Denn nicht mehr lang, bald sind wir zu viert.

Deine kraftvollen Worte:

Nimm dir zehn Minuten Zeit, eine Affirmation zu finden!

Unser PaarWochenende

Susanne

Schon vor Monaten hatten wir uns zum Eltern-Paar-Wochenende angemeldet. Das soll unsere letzte gemeinsame Reise vor der Geburt werden. Auftanken, klar werden und lernen, Absprachen treffen. Wir können diese Zweisamkeit gut brauchen. Wir sehnen uns nacheinander. Der Alltag frisst uns schier auf. Wir wollen innehalten und unseren schwangeren Zustand noch einmal so richtig ausgiebig genießen.

Dass wir uns dabei einer kleinen Gruppe anschließen, hat den Vorteil, dass wir gute Kontakte knüpfen können. Wir sind zwar Teamplayer, doch in Führungsverantwortung. Da bleibt die Pflege unserer ganz normalen Freundschaften schon mal auf der Strecke. Ich finde den Gedanken reizvoll, mich mit anderen Elternpaaren austauschen zu können, uns gegenseitig zu inspirieren, weil wir ähnlich zeitgleich unsere Babys bekommen.

Ulrike hat uns zu einer einmaligen Gelegenheit eingeladen. Sie führt gemeinsam mit ihrem Team aus Hebammen und Physiotherapeutinnen durch ein Wochenende für werdende Eltern. Wir freuen uns auf ganz viel Wellness, ein Verwöhnprogramm in einer schicken Umgebung mit viel Zeit für uns zwei. Es leuchtet wie ein heller Lichtmoment am Horizont auf. Wir haben große Erwartungen aneinander. Ich hoffe, dass ich mich so richtig in meinen Mann hinein entspannen kann, wonach ich mich zutiefst sehne.

Ich weiß, wie sehr mein Hans-Thomas unter Druck steht und seine Emotionen wenig Raum bekommen, weil ihm dafür die Zeit im Alltag fehlt. Für die werdenden Väter wird ein Extra angeboten, wo sie sich speziell mit ihren eigenen Befindlichkeiten unter ihresgleichen austauschen. Ich bin ja gespannt, was er sich aus dem Wochenende mitnehmen wird.

Bis vor wenigen Jahren existierten noch Schwangerenkurheime. Doch die sind inzwischen alle geschlossen. Schade. So eine Kur hätte ich mir irgendwie schon gewünscht. Die Schwangerschaft in meinem Alter geht nicht spurlos an mir vorbei. Denn es tauchen immer noch alte Bilder der Fehlgeburt auf und machen mir Angst. Und ich sorge mich, ob die nahende Wochenbettzeit so heftig wird, wie ich sie beim ersten Mal durchleben musste. So etwas wurde bis vor Kurzem in Kurheimen gut aufgefangen.

Zum Glück haben wir Ulrike an unserer Seite. Sie ist uns eine wertvolle Lebensbegleiterin auf der Mutterreise wie bei der Überfahrt übers Meer hin in einen neuen Hafen als Eltern und wachsende Familie.

Wir sind seit gestern Abend von unserem Paarwochenende zurück. Noch heute früh, Montagmorgen, schwelge ich mit Hans-Thomas in einem Rausch aus Freude und Zuversicht. Obwohl es langsam Frühling und wärmer wird, hocke ich in meinem flauschigen Morgenmantel und dicken Socken eingehüllt in meinem Sessel. Es duftet nach frischem Tee. Kaffeearoma steigt in meine Nase, das ich so erhebend finde und liebe.

Ich schaue meinem Mann beim Frühstücken zu und suche seinen Blick zu erhaschen. Schweigend und auf allen Ebenen gut genährt, durch und durch erfüllt, treffen sich unsere Seelenblicke. Wir haben uns einmal mehr ineinander verliebt. Wir sind tief verbunden. Dieses vergangene Wochenende hat uns so richtig gutgetan. Unsere Herzen sind neu entfacht, weil wir viel Zeit miteinander verbrachten, redeten und vor allem einander aufmerksam zuhörten.

Wir kamen uns körperlich endlich wieder ganz nah, berührten uns wie selten zuvor. Wir genossen einzigartige Momente. Ulrike gab den Impuls, den Partner minutenlang nur anzuschauen, dem Blick standzuhalten, sein Gesicht zu betrachten und dabei wortlos zu bleiben. Himmlische Momente wie im freien Flug zu fühlen, gedankenlos in der Seelenschönheit meines Gegenübers zu versinken und mein eigenes Prickeln wahrzunehmen, um nach einigen Minuten, die sich wie Stunden anfühlten, aufzutauchen und das Gesicht mit Fingern und zärtlichen Worten in all seiner Schönheit und Rauheit liebevoll zu beschreiben und in die schönsten Worte zu kleiden, rührten tief im Herzen.

Dieses Paartraining ist eine Übung in Liebe. Ich öffne die in mir wohnende Liebe mit viel Zeit und Ungestörtsein. Sie ist wieder da. Ich genoss die rauen Fingerkuppen von Hans-Thomas, wie er langsam über die Konturen meiner Wangen und Augenbrauen strich und dabei seinen festen Blick auf meinen Augen hielt. Seine füllten sich bis zum Rand mit Wasser. Meine Güte, was für ein Strom an Dankbarkeit und Zuneigung wurde da freigelegt. Das wollen wir auf jeden Fall zuhause beibehalten, Zeit für schweigende Zärtlichkeit nehmen. „Enjoy the Silence" wird künftig ein Motto in unserem gemeinsamen Schlafzimmer sein.

Erst heute Abend bringen uns meine Eltern unsere Marie nachhause. Wir freuen uns auf sie und genießen bis dahin noch etwas Nachklang, bevor Hans-Thomas gleich in die Firma fährt und ich den Tag zuhause verbringe.

Wir fühlen uns gestärkt in unseren Rollen als Eltern, als Vater und als Mutter. Wir sind zu einem Team verschmolzen. Wir werden unser Gelerntes nach der Geburt brauchen und unter Beweis stellen. Obwohl es für die Geburtsvorbereitung so viel zu besprechen gäbe, konzentrierten wir uns an diesem Wochenende aufs Wesentliche: Die Strategie und die Vorstellungskraft, die wir entwickeln, WIE wir uns unsere Geburt und unsere ersten Wochen mit unserem Baby vorstellen.

Wir fühlten uns gut durch den Prozess durchgeleitet, unsere Werte und Strategien zu entwickeln. Wir lernten, uns weniger auf das Wissen im Kopf zu konzentrieren, sondern mehr aufs Fühlen, Loslassen und der Hingabe zu vertrauen.

Die essenziellen Fragen sind an uns gestellt. Sie greifen tief in mich ein und schürfen auf meinem inneren Grund. Wir vertrauen auf die Antworten, die aus uns aufsteigen und halten sie für die nächsten vier Wochen in unserem tollen Arbeitsbuch fest. Jeden neuen Morgen verständigen wir uns darüber, was wir uns wünschen und wie wir durch die Geburtszeit und die Wochenbettzeit hindurchgehen wollen. Stück für Stück in kleinen Schritten.

Das Tolle ist, wir sind nicht allein. Ulrike bleibt weiterhin an unserer Seite, bis wir den Übergang ins neue Familienuniversum durch die Wochenbettzeit hindurch gemeistert haben. Am meisten habe ich gelernt, dass es für mich so gut wie gar nichts zu tun gibt. Das ist echt neu für mich. Meine Aufgabe für die nächsten Wochen wird sein, mich zutiefst zu entspannen und immer mehr in die Stille und damit in Ruhe zu kommen. Hingabe und Seinlassen sind meine neuen Zauberwörter. Die waren mir aus meinem geschäftigen Alltag wenig bekannt.

Wenn ich meinen Freundinnen zu meinem anstehenden Blessingway-Tag etwas ans Herz legen kann, dann dieses: Nehmt euch rechtzeitig in der Schwangerschaft die Zeit für ein Paarwochenende, wenn ihr Eltern werdet. Das ist ein Fundament für alles, was auf euch zukommt.

Zeit zu Zweit:

Das besondere Wochenende zum Auftanken für werdende Eltern vor der Geburt.

Blessingway: Lebenswege feiern

Susanne

Meine Freundinnen kommen!
Ulrike organisierte eine Feier für mich und meine weiblichen Beglei-
terinnen. Ich darf mich feiern lassen und bin sehr aufgeregt. Diese
Baby-Komm-Party ist in unserer Gegend nicht so verbreitet. So ein
Mädelsabend hat schon was. Ich habe mir besonders nahestehende
Frauen dafür ausgewählt. Es wird ein Ritual.

Ich sitze gut gepolstert im Kreis und fühle mich wie eine Königin.
Mein schönstes weißes Kleid, mit Blüten voll bestickt, schmiegt sich
angenehm weich und weit um meine Rundungen. Heute bin ich im
Mittelpunkt meines Freundinnenkreises, lasse mich umschmeicheln
und feiern. Ich entdecke neue, charmante Schwingungen in mir. Der
Zeitpunkt meiner eigenen Neugeburt rückt immer näher.

Letzte Nacht sah ich den Blessingway in weite Ferne rücken und
mich schon im Kreißsaal. Denn meinen Rücken und Bauch durchzogen
rhythmische Schmerzen. Ich musste diese Kontraktionen veratmen.
Hui. Ich blieb ruhig. Ganz leise verkrümelte ich mich ins Bad und
dann in mein ehemaliges Arbeitszimmer, das ich mir zu meiner Oase
umgestaltet habe. Hier zelebriere ich ungestört meine Mamazeit und
meinen Rückzug. Hier bin ich für mich und tanke Kraft. So an die zwei
Stunden wehte ich langsam und doch stark vor mich hin. Ich schrieb
dann doch eine Nachricht an meine liebe Hebamme und rückver-
sicherte mich.

Gegen fünf Uhr in der Früh antwortete sie mir mit beruhigenden
Worten und fragte, ob mir warmes Wasser in meiner Badewanne guttun würde. Ansonsten solle ich mich noch mal bei ihr melden, falls die
Kontraktionen zunähmen oder ich mich weiterhin unsicher fühlen
würde. Sie vermutet, dass es die Senkwehen sind, da ja nur noch
wenige Wochen bis zur Geburt Zeit seien.

Tatsächlich entspannte ich mich in der Badewanne. Magisch zau-
berhaft brach ein neuer Morgen an, der durch das Badfenster blau
schimmerte. Diese Stille rundum und nur ich mit meinem Babybauch

auf dieser Welt – ich bin getragen vom warmen Wasser, von meiner ruhigen Seele, eins mit dem Kosmos. Ein edelsteinkostbarer Moment angesichts der kommenden, aufregenden Zeit.

Es will nicht so recht Frühling werden. Draußen in der Kühle öffnen sich die Knospen an den Bäumen nur zaghaft. Trotzdem bringen mir meine lieben Seelenschwestern, die ich zum Teil aus Kindertagen kenne und teilweise extra von weiter her zu mir anreisen, Frühlingsblüten mit. Osterglocken und Narzissen erblühen leuchtend gelb in der Wärme des Hauses. Die frischen Früchte und Frühlingskräuter von der Wiese schmücken unsere Kreismitte, um die wir zu acht Platz genommen haben.

Ulrike spielt Zeremonienmeisterin. Manchmal muss ich in mich reingrinsen. Ich kenne sie nun schon aus verschiedensten Kontexten. Wenn sie offiziell vor mehreren Menschen spricht, wirkt sie so groß und schön wie eine Weisheitslehrerin. Ich kenne auch ihre emotionale, ganz weiche und sensitive, ja sogar spirituelle Seite. Sie wirkt dabei ganz still und scheinbar etwas entrückt. Dann sieht sie in der energetischen und geistigen Welt irgendetwas, was sie mir übersetzt. Oft hat sie Zugang zu meinem Baby und spricht mit der Babyseele. Verblüffend anders und doch wahr.

Manchmal fragt mich Ulrike etwas zu meiner Wurzelfamilie, zu meinen Eltern und Großeltern, oder sagt etwas, was sie normalerweise gar nicht wissen kann, weil ich ihr nie darüber berichtete. Aber alles stimmt und ich kann mich auf die Botschaften und Impulse einstimmen.

So vieles ist dadurch in mir zu Erkenntnissen gereift, was mich bereit werden lässt, eine eigene Haltung und meinen Platz als Frau und Mutter neu einzunehmen. Es scheint doch so etwas wie weiße Hexen zu geben, die durch ihre Kraft und Energie Gutes weben und wirken.

Wir singen gemeinsam wunderschöne, kraftspendende Lieder. Unter den Geschenken ist ein Mealtrain-Plan, den sich meine Freundinnen aus der näheren Umgebung ausgedacht haben. Jeden Tag bereiten sie mir abwechselnd leckere Mahlzeiten und bringen sie bis zur Tür. Das klingt so wunderbar. So hat eine jede ihren freudigen Anteil an meiner Wochenbettzeit und bringt sich individuell ein.

Wir legen uns Armbänder als Talisman um. Dieses Ritual verbindet mich sichtbar mit meinen Freundinnen und wird mir in meiner Geburtsstunde Kraft verleihen. Wir alle sind in unserem weiblichen Schicksal miteinander verbunden. Die Kraft zu gebären, eint uns. Die Kraft der Gemeinschaft trägt mich.

Juttas Geburtsgeschichte berührt mich am meisten. Dass ihre eigene Mutter eine Geburtshelferin zuhause war, wusste ich noch nicht. Da Juttas Baby noch zu schwach zum Saugen war, übernahm die frischgebackene Großmama die ersten Ansaugversuche an der töchterlichen Brust, damit die Milch bald ausreichend fürs Enkeltöchterchen fließen möge.

Die beiden Frauen sind innigst miteinander verbunden. Bewundernswert. Doch zwischen mir und meiner Mutter kann ich mir diese Nähe überhaupt nicht vorstellen. Ich möchte gern mein Baby stillen, obwohl ich selbst mit der Milchflasche groß geworden bin. Doch dass ich meine Mama an meine Brust lasse: Nein. Eher noch meinen Hans-Thomas. Heutzutage kann man auch eine handbetriebene oder elektrische Milchpumpe leihen, um die Milchproduktion anzuregen.

Bevor meine Gedanken weiter abdriften, widme ich mich doch lieber wieder diesem schönen Kreis hier. Ich empfange die Wünsche und guten Gedanken meiner Freundinnen. Wir schreiben sie alle auf kleine Stoffwimpel, die an einer langen Schnur geheftet als Wimpelkette unser Haus schmücken. Nun baumeln hier Segenswünsche wie Gebetsfähnchen, die mich an die Kraft meiner Weibergemeinschaft erinnern werden, wenn die Wehen einsetzen. Ich bin nicht allein.

Auf Wehen warten – Geduld üben

Susanne
Geduld als eine Form von Langsamkeit war bisher nicht meine Stärke. Mir kommen die letzten Wochen und Tage der Schwangerschaft unendlich lang vor – Warten und die Wartezeit irgendwie ausfüllen. Alle Kleinigkeiten und Besorgungen sind erledigt.

Ich meditiere bewusst für die Geburt und verinnerliche mich. Es zieht mich schon seit Wochen mehr und mehr in meine Mitte hinein. Ulrike und meine Familie lachen über mich, weil ich mir nichts mehr merken kann. Ich schreibe vieles auf, um es im nächsten Moment schon wieder vergessen zu haben. Das soll normal sein, weil mich Hormone überschwemmen. Dieses blöde Wort Schwangerschafts-demenz überhöre ich.

Ich verbanne irreführende und mich verstörende Worte und Gedanken von schrecklichen Krankheiten oder Katastrophenmeldungen aus meinem Dunstkreis. Inzwischen betreibe ich konsequent Gedankenhygiene. Das bin ich mir und meinem Baby wert.

Mit Ulrike ist es ziemlich leicht, positiv, freudig und fokussiert zu werden. Klar, wir üben uns immer. Vor allem lachen wir, was das Zeug hält. Ich halte mir dabei meinen Bauch, der wie ein maximal beladenes Mutterschiff kurz vorm Platzen ist und bei jedem Lacher mitwippt. Das Baby wird seine Freude haben.

Ich konzentriere ich mich jetzt schon täglich mit Ulrikes Hilfe und meinem kleinen ausgewählten Mitwisserkreis auf meine Wochenbettzeit, weil sich mein Baby ja täglich mehr auf seine Geburtsreise begibt und es quasi schon morgen neben mir in meinem Bett liegen könnte.

Ein paar Handgriffe gibt es noch zu tun. Zum Beispiel lege ich meine Lieblingsbettwäsche bereit, die mir Karin aufziehen darf, wenn ich von der Geburt zurück nachhause komme. Die ganzen Kartons mit nicht gebrauchten Babysachen und Maries überflüssigen Kinderkleidchen stopft Karin gut beschriftet in unseren Keller. Also diese Frau ist ja bewundernswert. Sie ist meine Hausperle geworden. Seitdem sie bei uns ist, fühle ich mich viel entspannter und gelöster. Sie liebt es, Ordnung zu halten und bringt tolle Ideen in unser System. Mit meinem großen Kugelbauch und schweren Beinen spare ich mir die Treppen nur noch für ganz wichtige Gänge auf. Jede Bewegung wird zur übermäßigen Anstrengung.

Da tun mir im Garten die kalten kneippschen Wassergüsse über meine Beine echt gut. Manchmal, wenn die Frühlingssonne fröhlich lockt, nehme ich mir sogar den Gartenschlauch und stelle mich barfuß ins Gras. Ulrike stützt mich, damit ich nicht umkippe. Trotz der vielen kleinen Beschwerlichkeiten bin ich noch ganz gut dran.

Nicht auszudenken, wenn ich den ganzen Tag schon liegen müsste und meine Muskeln rapide abbauen. Da bin ich doch heilfroh und dankbar, dass ich noch selbst viel erledigen und mich selbstständig pflegen kann. Nur das Drumherum gebe ich in die guten Hände von Karin und Ulrike, meine Mama-Seelen-Begleitung. Sie hält mit mir das Warten aus, meine Fragen, die mich zuweilen unruhig werden lassen. Wir gehen immer öfter alle Punkte durch. Ich vergewissere mich, ob wir an alles gedacht haben.

Um meine Warterei sinnvoll zu gestalten, holt Ulrike meine alte Staffelei aus dem Keller. Ich liebe es, auf großen Leinwänden mit meinen Pinseln die Farben zu klecksen und zu streichen. Das Ergebnis bleibt ungewiss und entsteht erst. Meine Emotionen pinseln sich schwungvoll heraus.

In der Zwischenzeit schmiedet Ulrike mit unserer Karin den Wochenbettplan. Sie leitet sie an, wie sie mich am besten regelmäßig und täglich in den ersten 4 Wochen nach der Geburt im Haushalt komplett entlastet und unterstützt.

Marie spürt natürlich meinen inneren Rückzug. Sie reagiert immer häufiger schnupfig. Deswegen lasse ich sie nun viel mehr daheim, was für mich mehr Arbeit und Anstrengung bedeutet. So tankt sie bei mir

Liebe und Sicherheit auf. Sie hat wieder angefangen, sich häufiger an meiner Brust zu stillen. Das reguliere ich inzwischen damit, dass sie sich erst mit einem Glas Wasser und einem gesunden Snack satt trinken und essen möge. Dann erst reiche ich meine Brust. Ich will sie ihr nicht verwehren. Sie nimmt sich ganz viel kindliche, emotionale Nähe, bevor ihr Geschwisterchen geboren wird.

Von unserer Stillbeziehung zu meiner ältesten Tochter erzähle ich in meinem Umfeld niemandem. Das würde niemand wirklich verstehen, der unsere Stillgeschichte und Mariechen nicht kennt. Also behalte ich es als mein kostbares Geheimnis für mich.

Ich erlebe mein Kind meistens gesund und wenig infektanfällig. Ob das meine gute Muttermilch macht? Bestimmt ist das Stillen ein nicht zu unterschätzender Einflussfaktor. Und dass Mütter im Tandem Geschwister zu stillen vermögen, bestätigen mir sowohl meine Hebamme als auch Ulrike. Also tue ich das, was uns von Natur aus guttut und zerdenke oder zerstöre unsere Bedürfnisse nicht, sondern nehme sie wahr und lasse sie geschehen.

Hans-Thomas
Während ich hier in der Firma sitze, behalte ich mein Handy immer im Auge. Ich nehme es sogar mit zur Toilette, um keinen Anruf von Susanne zu verpassen. Nebenbei kümmere ich mich um die Bürokratie-Mappe und die Formalitäten für die Geburt, die wir mithilfe der Checklisten des Familienministeriums[1] einfach nur abzuarbeiten brauchen. Das ist eine meiner Aufgaben, die ich hier im Büro vorbereiten kann. Susanne und ich haben unsere Strategie so festgelegt.

Ich weiß von Susanne, dass sie sich auf mich verlässt. Ich habe ihr versprochen, bei der Geburt und drei Wochen danach an ihrer Seite zu sein.

---

[1] https://familienportal.de/familienportal/lebenslagen/schwangerschaft-geburt/checklisten (abgerufen am 17.11.2024)

Ich bin froh, dass Ulrike und Karin unserer Familie helfen. Dadurch
bin ich entlastet und kann mich voll auf meine Arbeit konzentrieren.
Ich gäbe alles dafür, dass es meiner Frau gut geht.

Was mich besonders freut: Die Männeraustauschgruppe, in der sich
werdende Väter treffen, tut mir gut. Als Einzelgänger, wie ich einer
bin, erlebe ich mich hier von einer ganz neuen Seite. Ich spreche sogar
über meine Gefühle, die ich Susanne gegenüber schwer ausdrücken
möchte, um sie nicht zu beunruhigen. Ja, ich habe manchmal Angst,
ob bei der Geburt alles gut gehen wird. Ich sitze wie auf Kohlen. Ich
nütze jede Gelegenheit, in der Firma aktiv zu sein, um dieses Gegrübel
und Warten irgendwie zu übertönen und auszuhalten.

Und ich bekomme viel Verständnis von der Gruppe, weil ich mir
schon wieder nicht meinen größten Wunsch, ein Coupé, erfüllen kann.
Mit zwei Kindern brauchen wir unser geräumiges Auto, das unsere vier-
köpfige Familie inklusive Kinderwagen, Kinderautositze, Reisebett und
dergleichen transportiert, mehr denn je. Es erleichtert mich sehr, dass
ich mit meinem Verzicht nicht alleine bin. Aber schade ist es doch.

Susanne
Die Tage sind gezählt. Irgendwann in den nächsten zwei Wochen
dürfte sich unser Baby auf den Weg machen.

Wir wissen nicht, wann ein Apfel reif vom Baum fällt. So warte
ich geduldig auf meine Körpersignale, auf die Wehen. Ich bin nicht
bereit für eine Einleitung am „Stichtag des Entbindungstermins" oder
für eine frühzeitige Beobachtung in eine Klinik zu gehen. Ich habe

in mich reingespürt und fühle großes Vertrauen in mich und meinen Körper. Ich fühle mich gestärkt und genährt.

Viele Fragen dazu habe ich immer wieder mit meiner Hebamme Christina und mit Ulrike abgewogen und besprochen. An meinen Lebenswerten entlang bildete ich mir meine Meinungen und treffe meine Entscheidungen. Ich gehe meinen Weg durch meine Geburt und lasse mich davon nicht abbringen.

Es gibt nur einen einzigen Grund für mich, umzuschwenken, nämlich wenn der lebensbedrohliche medizinische Notfall eintreten sollte.

Solange der nicht erkennbar ist, halte ich mit meiner ganzen mentalen Kraft an meiner Vision fest, mein Baby natürlich und spontan zu gebären. Täglich stelle ich mir innerlich Bilder vor, wie meine Geburt verläuft und ich mein Kind in meinen Armen halte.

Meine Mutter ist sich immer noch nicht sicher, ob sie für ein paar Tage rund um die Geburt kommen will und kann, um für Marie präsent zu sein. Dafür habe ich mit Ulrike die Strategie festgezurrt: Sobald die Wehen einsetzen, rufe ich zuerst meine Hebamme an, dann meinen Mann und später auch Ulrike. Sie übernimmt das Management, sodass ich so lange wie möglich in Ruhe zuhause ungestört wehen kann.

Unser Haus ist über und über mit Denk- und Notizzetteln bestückt. Bunte Infozettel hängen gut sichtbar am Kühlschrank, an der Ausgangstür, im Bad, am Wickeltisch und dienen als Gedächtnisstützen. Wir fühlen uns entlastet, wenn wir das, was uns wichtig ist, als Infos aufschreiben. Wichtige Telefonnummern und vor allem ein Tagesablauf von Marie stehen sicherheitshalber auf Papier für alle, die in unserem Haus ein- und ausgehen werden. Das beruhigt mich.

Mehr und mehr ziehe ich mich zurück. Ich mutiere zur Gebärerin. Babys Köpfchen steht tief im Becken, die Wendung vor einigen Wochen hat nachhaltig geklappt. Das erleichtert mich kolossal.

Noch einmal fliegen die vergangenen aufregenden Tage vor meinem inneren Auge vorbei. Wie gut war doch der kurze und zeitlich knappe Ritt von der Organisation bis hin zum Termin der äußeren Wendung. Im wahrsten Sinne des Wortes bedeutete das für mich eine Wendung des Schicksals durch meine beherzte Entscheidung und einen kompetenten Handgriff.

Ich spüre die Kontraktionen meines Bauches immer deutlicher. Häufiger als sonst watschle ich wie eine Ente lachend zur Toilette. Viel Platz ist nicht mehr im Bauch für meine Blase. Mein Baby nimmt sich Raum.

Ans Telefon gehe ich schon lange nicht mehr, wenn meine Verwandten anrufen und sich nach meinem Zustand erkundigen wollen. Ich schreibe lieber Textnachrichten.

Wenn sich Ulrike nach ihrem Besuch verabschiedet, dann äußert sie seit Tagen: „Geplant sehen wir uns also morgen Nachmittag wieder. Ungeplant jederzeit, wenn du anrufst", und – Schwupps! – huscht sie mit einem zuversichtlichen Lächeln durch die Haustür.

Mit dieser Zusicherung fällt die Tür ins Schloss. Ich mache es mir mit Marie bequem und genieße den Snackteller auf der Couch, wo sich der Stau der Wäschekörbe wie von Zauberhand aufgelöst hat.

Geburtszeit

Wehen sind Urkraft für neues Leben.
Sie schenken Schätze aus Stolz,
Dankbarkeit und Mutterliebe.

Mitten in der Nacht

Susanne
Ich habe die Füße meiner Tochter im Gesicht und ein ganzes Baby im Bauch. Das löst einen Lacher in mir aus.

Es ist mitten in der Nacht, meine Familie schläft. Auch mein Mann scheint zu ruhen. Aus seinem Arbeitszimmer schimmert kein Licht mehr unter dem Türspalt hindurch, ich muss zur Toilette. Denn zwischen meinen Beinen wird es nass. Auf der Toilette spüre ich den Schleimpfropf herausrutschen.

Obwohl ich genug Wasser gelassen habe, tröpfle ich weiterhin langsam vor mich hin. Meine Nase sagt mir, dass das Getröpfel fischig riecht und kein Urin ist. Mir wird übel. Im Sekundentakt werde ich mir gewahr, dass die Anzeichen der Geburt sichtbar sind. Ich atme erst mal durch. Sollte es wirklich schon so weit sein? Schon zum Abendessen bekam ich keinen Bissen herunter.

Ich versuche meinen Kopf klar zu bekommen und ziehe mir eine frische Unterhose an, klebe vorsichtshalber eine dicke Monatsbinde hinein. Ich gehe zurück ins Bett und versuche, ein wenig zu schlafen, was gar nicht leicht ist. Ich horche in mich hinein.

Hin und wieder zieht es stark in meinem Rücken und in meinem Bauch. Sind das schon Wehen? Mit meinem überdimensional großen wurstgeformten Seitenschläferkissen bette ich mich sehr langsam und vor allem leise auf die Seite. Ich will jetzt bloß niemanden aufwecken.

Ich bin froh, mitten in der dunklen Nacht von der Stille eingehüllt zu sein. Meinen Bauch streichelnd, döse ich vor mich hin.

Hin und wieder kontrahiert mein Uterus, mein Bauch wird hart. Von Zeit zu Zeit schaue ich auf die Uhr. Die Stunden vergehen. Fruchtwasser sickert aus meiner Scheide. Im sanften Morgenlicht schlummernd höre ich die erste Amsel vorm Fenster singen.

Als ich aufstehe, setzen meine Wehen ein. „Das wird wohl heute ein Geburtstag", dringen mir verheißungsvolle Worte wie dramatische Musik in meine Gedanken. Ich stütze mich am Bettrand ab und veratme einen Kraftschub, der durch meinen Körper rollt.

Mein Schatz ist schon länger auf, arbeitet bereits am PC und hört mich. Er steht neben mir. Ich spüre seine Hand auf mir, seine Stärke und seine Ruhe. Er schaut mich mit weit offenen Augen an, die mir seine aufgeregte Freude signalisieren. Zärtlich schließt er mich in seine Arme, in die ich mich hineinsinken lasse. Ich wiege mich in ihm. Sein Körper ist für mich wie ein Baum, an den ich mich unerschütterlich lehne.

Nun wird auch unsere Marie wach, mit der Stille im Haus ist's erstmal vorbei. Sie spürt die veränderte Stimmung. Wir hatten vor langer Zeit ein Zeichen vereinbart, wenn sich das Geschwisterbaby auf den Weg macht. Sie findet dieses Zeichen, ein kleines Känguru mit einem Beutelbaby, an ihrem Bettende. Dort habe ich es heute Nacht für sie platziert. Marie erinnert sich an all unsere vorbereitenden Gespräche, an das Lotte-Buch über die Geburt. Sie tanzt glücklich aufgeregt herum.

Mein Mann bereitet Frühstück. Er unterbricht heute seine Arbeit und widmet sich unserem ereignisreichen Tag. Ulrike erscheint wie gerufen und hat frische Brötchen dabei. Mir wird schlecht. Wenn ich hier in der Küche stehe, sind die Wehen häufiger und so stark, dass ich mich am Küchenblock festhalte und atme.

Unsere Mütterfürsorgerin steht eine Weile an der Tür, beobachtet ruhig, wie es ihre Art ist, und erfasst meinen Zustand. Ich muss ihr nichts erklären. Sie begrüßt mich. Ich sinke in ihre offenen Arme und beginne zu weinen. Alles fließt aus mir heraus. Es tut gut, Glückstraurigkeitstränen zu weinen.

In ihrem Blick ruht Verständnis und etwas Feierliches: Ich weine und verabschiede mich von der Schwangerschaft.

Heute fängt ein neues Leben an. Diese magische Grenze ist ein unglaublich inniger Moment, heilig und gleichzeitig unfassbar. Mir macht diese Ehrfurcht Muffensausen. Ich fürchte mich vor dem, was jetzt auf mich zukommt. Ulrikes Anwesenheit verstärkt in mir Zuversicht. Ihre Ruhe verströmende Gelassenheit gibt mir Halt.

Ich bin mir sicher, dass sie mich im Blick hat. Dadurch entspanne ich mich tiefer in meine Situation, veratme jetzt häufiger Wehen, zwei Stück innerhalb einer Viertelstunde, misst Ulrike die Abstände. Es kommt mir gar nicht so vor. Meine Zeitwahrnehmung verändert sich.

Wir versuchen, alle zusammen am Frühstückstisch zu sitzen, was uns nur halb gelingt. Ich wandere zwischen Tisch und Couch hin und her und mag dann doch lieber liegen. Hans-Thomas sitzt neben Marie und versucht, etwas zu essen. Ulrike bringt mir eine Schüssel und ein Handtuch, weil mir unsagbar übel ist. Gleich muss ich brechen. Das gehört eben dazu.

Die warme Wolldecke an diesem sonnig milden Frühlingsmorgen und meine Wollsocken an meinen Füßen hüllen mich wohlig ein. Ich schließe meine Augen, atme und konzentriere mich nur auf mich. Ich bin ganz bei mir. Es gibt nichts zu denken oder zu tun. Wir sind alle gut vorbereitet. Unsere Planung hat sich gelohnt. Dadurch weiß heute früh jeder, was er zu tun hat. Wie gut, dass ich hier nicht allein bin und mich auf meinen Mann, Marie und Ulrike verlassen kann.

Meine Hebamme habe ich heute Nacht schon informiert. Ich merke nun doch, dass ich sie heute noch brauchen werde und ich fünf Tage vor dem errechneten Geburtstag gebären werde. Heute wird es so weit sein, dessen bin ich mir ziemlich sicher.

Zum Glück habe ich von dem Konzept losgelassen, dass Babys am Termin zur Welt kommen. Dieser Termindruck befremdete mich sehr. Die weise Formel vom Geburtszeitraum, innerhalb dessen mein Baby auf die Erde kommt, verstehe ich. Es ist wie in der Natur auch. Nicht alle Äpfel eines Baumes fallen gleichzeitig ins Gras, wenn sie reif sind. Nach und nach, innerhalb einer Zeitspanne fallen alle Früchte runter.

Die Naturgesetze sind klasse. Ich halte mich daran und bestaune sie immer wieder. Ich kann sie verstehen, weil sie überall zu sehen und zu entdecken sind.

So wie es aussieht, wird mein Bauchäpfelchen heute seine Bauchhöhle verlassen und sich zeigen. Es gibt nun kein Zurück mehr. Die Geburt hat eingesetzt.

Ich telefoniere mehrmals mit Christina. Sie stellt mir einige Fragen, damit sie meinen Zustand und die verbleibende Zeit abschätzen kann. Wir verabreden uns für heute Mittag am Kreißsaal, wo sie uns in Empfang nehmen will. So lange bleibe ich hier in Ruhe zuhause. Es ist gemütlich. Ich bin inmitten meiner Familie und von einer erfahrenen Frau geborgen, die meinen Zustand beobachtet und dokumentiert. Ich fühle mich sicher. Ich vertraue mir. Sollte ich unruhig werden, wird mich Hans-Thomas umgehend zum Kreißsaal fahren.

Er hat alles zusammengeräumt und verstaut unser Gepäck im Auto. Ich hätte nie gedacht, dass es so viel Zeug sein wird. Das Menschlein hat schon einen Koffer, bevor es auf der Erde angekommen ist. Der Babyautositz und die Babysachen, meine Wohlfühlkleidung für ein paar Tage Wochenstation: für alles ist gesorgt. Es kommt mir wie ein kleiner Umzug vor. Hinzu kommt noch der Rucksack für all die Dinge, die mein Mann gern bei sich hätte. Vom Wechsel-T-Shirt bis zur Zahnbürste und Ladekabel ist alles dabei.

Hans-Thomas wirft einen Blick auf den Denkzettel an der Haustür: Autoschlüssel, ja der liegt hier am festen Platz. Wir müssen lachen, denn Ulrike erzählte uns bei unserer Vorbereitung immer mal wieder Anekdoten aus ihren Familienbegleitungen. In der Aufregung kann schon mal was schiefgehen oder übersehen werden. Wir blicken uns fröhlich an und sind alle miteinander auf einen glücklich verlaufenden Tag eingestimmt.

Marie geht heute nicht zur Kita. Sie darf den Tag feierlich mit Ulrike verbringen und spielen. Schon so lange wartete sie auf diese neu anbrechende Zeit und ist vor Freude ganz ausgelassen. Sie steht am Küchentresen auf ihrem Lernturm und schmiert mit Ulrike ein paar Brötchen und Brote, füllt Brotdosen voller Leckereien, mundgerecht geschnippeltem Obst und Gemüse. Die Verpflegungstasche für den Geburtstag füllt sich mit Snacks und Riegeln und allerlei verschiedenen Getränken. Wir wissen ja nie, worauf wir heute so Lust haben werden oder wann wir das nächste Mal hungrig sind oder wann wir überhaupt etwas bekommen werden. Besser, wir sind vorbereitet.

Es wird langsam Zeit für den Übergang in die Geburtsklinik. Ich spüre die zunehmende Stärke meiner Wehen, sie werden häufiger und kräftiger. Mein Zeichen: „Ich will jetzt los." Ulrike macht noch ein paar letzte Familienfotos von uns Dreien, wie wir uns in den Armen liegen und glücklich strahlend diesen Moment miteinander genießen.

Ein letztes Mal verabschiede ich mich von ihr, muss allerdings erst eine kräftige Wehe durchstehen. Ich halte mich an ihr fest und gehe in die Knie. Sie hält mich. In ihren Abschiedsworten liegen Segen und Hoffnung sowie unerschütterliches Vertrauen in mich, dass ich mein Kind gut gebären werde.

Auch Hans-Thomas ist aufgeregt. Ich sehe und höre noch, wie er Ulrike dankt, dass sie zuverlässig die Geschicke zuhause hält und lenkt. Das erleichtert ihn. Er widmet sich jetzt ganz uns, wird heute ein neuer Vater. Ohne Ulrike als Vollzeit-Kinderbegleiterin hätte er heute Marie betreut und wäre bei der Geburt nicht dabei. So hat sich dank dieses Arrangements alles zum Besten gefügt, was ihn glücklich macht.

Marie legt ihre kleine Hand in Ulrikes und winkt uns zum Abschied lange nach.

Ulrike
Ich habe eine besonders schöne Kerze in einem Windlicht angezündet. Die leuchtet verheißungsvoll den ganzen Tag, verbreitet mit ihrer ruhigen Flamme ein Licht voll Hoffnung und scheint mir bei jedem Anblick direkt ins Herz. Mitten in der Nacht geht eine erlösende Nachricht von Hans-Thomas auf meinem Handy ein.

Es ist vollbracht.

WochenBettzeit

7x7 magische Tage wie ein zeitloser Fluss.

Tag 0 – Auf der Wöchnerinnenstation

Ulrike

Ich klopfe vorsichtig an die Tür und trete ein. Da steht Susanne, ihr Baby im Arm, das sie eben zum Wickeltisch tragen will. Mit großen Augen, stolz und erhaben, voller Kraft strahlt sie mich an. Um ihren Kopf herum leuchtet es hell, als trüge sie einen Lichtkranzschein, eine Korona, die ich nur von alten Malereien aus der Kunst kenne. Mich zwingt es auf meine Knie, diese Ehrfurcht vor dem Leben. Tränen strömen aus meinem Gesicht, voller Glücksfreude und tief bewegtem Herzen. Was gebe ich für diese Momente voller Leben und Einsicht, was dieses Universum zwischen Himmel und Erde für eine Kraft und Macht mit einer Geburt entfaltet! Ein Wundermensch hat sich durch ihren Mutterleib verkörpert.

Wer weiß schon, was aus ihm mal wird, wer er war und welche Aufgabe er in unserer Welt haben wird? Alle Sinne sind offen. Leise und vorsichtig gehe ich näher und gratuliere Susanne zu ihrer Geburt, zu ihrem Wehenschatz, den sie in ihren Armen hält.

Susanne

Meiner Mütterfürsorgerin gestatte ich spontan, mich im Krankenhaus zu besuchen. Ich muss ihr alles erzählen. Obwohl ich schwitze, mein Becken weh tut, noch ungeduscht bin und nach Blut und Schweiß rieche, drücke und umarme ich Ulrike voller Glück und unter Tränen, die schon so viele Wochen an meiner Seite ist. Mit meinem Baby im Arm gleite ich ganz langsam und umständlich in dieses viel zu schmale Klinikbett und versuche, mich halbsitzend in eine gute Stillposition zu begeben, die mich weder drückt noch behindert. Das kleine Wesen in meinen Armen ist nur mit seiner Windel bekleidet und sucht mit seinem Mündchen nach Nahrung und Verbindung.

Ich erzähle alles, alles, alles. Ulrike hört zu, schaut mich gütig und dankbar an. Sie wollte sich nur kurz nach mir erkundigen und bekommt den Redeschwall meiner Geburtsgeschichte ab. Ich bin froh, reden zu können. Alles ist prima verlaufen.

Ich habe aus eigener Kraft unter dem Schutz meiner Beleghebamme geboren. Christina vertröstete sogar das Klinikpersonal und hielt es von Interventionen ab, die aus ihrer Sicht noch nicht angezeigt waren. Sie kannte mich gut und vertraute mir.

Einmal schien es nicht ganz recht weiter gehen zu wollen. Kurzzeitig stockte die Geburt, meine Hebamme erkannte das und blieb ruhig und wachsam. Dann hatte ich das Gefühl, dass ich von einem Engel begleitet wurde. Ich erlebte liebendes Licht und spürte tief unten im Becken meinen wärmer werdenden Rücken. Als wären lichte Helfer bei mir, dauerte es nicht mehr lange und mein Baby kam allein mit den wiedereinsetzenden Wehen weiter.

Ulrike erzählt mir, dass sie letzte Nacht ein ähnliches Erlebnis träumte. Sie hatte auch das Empfinden, als sei sie mit mir verbunden und legte unter der Geburt ihre Hände in meinen Rücken. Dabei schien sie selbst einen enormen Kraftschub zu verspüren. Sie meint, das sei nicht so ungewöhnlich.

Wir alle sind miteinander verbunden und haben die energetische Welt weniger auf dem Schirm, weil wir sie nicht sehen. Jedenfalls hat sie irgendein Talent, am Tor des Lebens mitzuwirken.

Ich muss den Wermutstropfen loswerden, liebe Ulrike, der mich so arg wurmt. Ich bin sehr aufgebracht. Wie du weißt, entschloss sich meine Mutter sehr kurzfristig, die Nachtwache für Marie zu übernehmen und löste dich am Abend von deinem Tagesjob ab. Doch sie ließ es sich nicht nehmen, nachdem mein Mann nach der Nacht erst mal heimfuhr, mich und ihr neues Enkelkind heute früh hier in der Klinik besuchen zu kommen.

Genau diese Situation wollte ich vermeiden. Ich brauche Zeit für mich. Ich habe gerade frisch geboren und mag noch niemanden sehen. Ich will, dass auch sie mein Bedürfnis respektiert.

Zorn und Wut kochen in mir hoch. Denn ich wollte nicht, dass mir meine Mutter mein neugeborenes Baby aus dem Arm nimmt. Das tat sie ungefragt, als sie vorhin da war. Sie schritt rigoros auf mich zu und begrüßte ihr neues Enkelbaby, indem sie mich überging und es mir aus meinen Armen nahm. In dem Moment fühlte ich den Übergriff, der mir in meiner Seele weh tat, mich ohnmächtig und hilflos zurückließ. Ich möchte bitte gefragt werden, Ja oder Nein antworten, wenn's um mein Kind geht.

Mein Baby ist mir so nah, ich spüre jede Berührung eines anderen an seinem Körperchen. Wir sind noch eine Einheit. Meinem Baby darf sich nur jemand nähern, dem ich es gestatte. Das ist ein Relikt unserer menschlichen Evolution aus dem Tierreich, wo die frische Löwenmama jedes andere Tier vom Jungtier wegbeißt, welches nicht im Vertrauensverbund lebt.

Tag 3 - Klinikentlassung

Susanne

Eine Wochenstation ist kein Wochenbetthotel. Diese ersten drei Tage in dem winzigen Zweitbettzimmer, vollgestopft mit Betten, Nachttischen, Babybetten und Wickeltisch sind mir viel zu eng. Die vielen Geräusche, die Wärme, die sowieso durch die Knochen strömt, kaum Schlaf ... ich bin so froh, heute endlich nachhause zu gehen. Ich brauche mein Bett, meine Ruhe, mein Reich. Ich warte noch die Stillberaterin und die Kinderuntersuchung ab. Mein Handy benutze ich hier sehr selten, es lenkt mich nur ab. Doch ich organisiere damit so kurz vorm bevorstehenden Wochenende meine Entlassung. Zuhause betreut mich meine Nachsorgehebamme und Ulrike wird tagsüber bei uns bleiben.

Hans-Thomas

Ich pflücke im Garten Frühlingsblüher für meine Frau und stelle sie drinnen in eine kleine Vase. Susanne liebt diese zauberhaften Naturschönheiten, wenn sie schlicht und filigran blühen. Genau diese zarten Geschöpfe sind es, die ihre Blumenfreude auslösen.

Auf dem Weg zur Klinik gehen mir viele Gedanken durch den Kopf. Ich hole meine Familie nachhause. „Hey, hallo Vater!", klopf ich mir selbst mit meiner Faust ans Herz und kann's noch gar nicht fassen. Ich habe gesehen, wie das Köpfchen meines Sohnes kam und ahnte ja nicht, was für ein Prachtbaby es sein wird. Ich vergaß die Welt um mich und ließ mich ein, ohne ans Fotografieren zu denken. Dieses Erleben ging tiefer in mein Gedächtnis als ich es auf einem Foto hätte festhalten können. Die Bilder sind eingraviert.

An meine Flucht aus dem Kreißsaal denke ich weniger gern zurück. Zum Glück hatten wir vorher besprochen, dass ich den Raum eigenverantwortlich verlasse, wenn mir unwohl wird. So war es dann auch. Aus Susannes kindskopfgroß gedehnter Vagina tropfte diese Mischung aus Schleim und Blutspuren und sah wie eine offene Wunde aus. Mir wurde für einen Moment speiübel, als sich der Babykopf das erste Mal zeigte und meine Frau unter einer Presswehe wie ein verletztes Tier schrie. Ich verlor die Fassung und rannte auf den Flur raus. Susanne wusste ich in besten Händen bei unserer Beleghebamme. Christina war die ganze Zeit eins zu eins ausschließlich für uns präsent.

Nach einer Atempause schüttelte ich mich und schlüpfte zurück durch die Tür in den Kreißsaal. Da hörte ich den ersten Seufzer unseres Babys. Ich hatte nur noch Blicke für meine ekstatisch schluchzende Frau und mein Baby. Ich weinte erlösende Tränen.

Dieses Geburtsereignis, das meine Susanne da vollbracht hat, übersteigt meine gesamte Vorstellung. Es ist überirdisch fantastisch. Ich bin zutiefst beeindruckt von den weiblichen Fähigkeiten. Was meine Frau da durchgestanden und mitgemacht hat, hätte ich so nicht gekonnt. Wenn ich mir überlege und ausmale, dass ich.... ich denke lieber nicht weiter. Nein, ich würde solche Wehen nicht über mich ergehen lassen können. Dafür bin ich nicht gemacht. Meine Großmutter hat immer gesagt, wenn die Männer die Kinder gebären würden, wäre die Menschheit schon ausgestorben.

Umso dankbarer bin ich, dass ich Susanne zur Seite stehen durfte und sie zuließ, sie in ihrem Ausnahmezustand zu erleben. In ihrem intimsten Moment der Geburt, wo sämtliche Körperflüssigkeiten fließen und sie sich im wahrsten Sinne des Wortes gebärdet, sehe ich sie extrem offen und ohne Scham. Dass sie sich in meiner Gegenwart so geöffnet hat, ist der größte Liebesbeweis. Danke!

Susanne

Ich halte mich gerade so auf meinen Beinen, bemühe mich, noch nichts anzuheben. Ich halte meine herumschlackernde Kleidung fest und zurre meine Handtasche mit den wichtigen Klinikunterlagen und Papieren über meine Schulter.

Von den Schwestern der Wöchnerinnenstation verabschiede ich mich. Einige nehmen sich einen Augenblick Zeit, um mich und mein Baby angemessen mit guten Wünschen nachhause zu entlassen.

Andere hasten von Zimmer zu Zimmer und zurück ins Schwesternzimmer, um über Dokumentationen gebeugt ihre erforderlichen Notizen in Datenbanken einzupflegen.

Unter den Blicken anderer Klinikbesucher gehe ich stolz und erhobenen Hauptes wie eine frischgekrönte Königin zum Auto und steige sehr langsam ein.

Mein Baby hängt in seiner viel zu großen Autotransportschale. Es verschwindet darin fast vollständig, trotz Sitzverkleinerer. Am liebsten hätte ich es die ganze Autofahrt über an mich gedrückt, es an meinem Körper gehalten und beschützt. Auf der Rücksitzbank unseres Wagens wäre das bestimmt gegangen. Im Tragetuch oder so, ganz nah und sicher bei mir. Doch mir ist klar, dass es ein Risiko bedeuten würde. Das wollen wir alle nicht. Also nehme ich schweren Herzens diese Tortur auf mich, mein Baby in der Autoschale anzuschnallen. Wer die schon mal getragen hat, weiß, wie unhandlich und schwer das Ding ist.

Wie gut, dass Hans-Thomas zupackt und alle schweren Teile trägt und verstaut.

Ankunft Zuhause

Susanne

Bei der Heimfahrt erscheint mir die äußere Welt fremd. Wie in Watte gepackt, schleiche ich vom Auto zur Haustür und habe nur Augen für mein Baby. Ob der Kleine seine erste Autofahrt gut überstanden hat? Für gewöhnlich schlafen Babys nicht fest, sondern sie bekommen alle Eindrücke um sie herum mit.

Ich habe Sehnsucht danach, mich endlich zu duschen, in meinem vertrauten Bett mit Baby zu ruhen und vor allem Schlaf nachzuholen. Ich muss mich erholen. Geburt und fast drei Tage ohne ausreichenden Schlaf machen mich sehr mürbe. Ich bin dünnhäutig und weine. Wie ein Häufchen Elend schleiche ich mit der dicken Monatsbinde zwischen den Oberschenkeln zuerst am Kühlschrank vorbei. Ich stopfe mir genüsslich eine Scheibe Käse und eine köstliche Energiepraline in meinen Mund.

Meine Brust schmerzt und zieht. Hört das denn nie auf? Ein Kohlkopf zur Linderung der Brusthitze liegt im Gemüsefach bereit. Heute soll der sogenannte Milcheinschuss kommen. Das klingt dramatisch und gefährlich und machte mir beim ersten Mal echt Angst. Was soll das sein? – Die Muttermilch beginnt zu fließen. Seit der letzten Nacht spüre ich Druck unter meinen Armen bis in die Achselhöhlen und der ganze Busen spannt, als würde er platzen. Er brennt teilweise wie Feuer. Ich kann an nichts Anderes mehr denken.

Ich sehe eine Weile aus unserem großen Wohnzimmerfenster in den frühlingserwachenden Garten hinaus. Das nährend grüne Gras weidet meine krankenhauslichtgetrübten Augen. Die Vögel in den frisch begrünten Baumzweigen unserer Obstbäume flattern aufgeregt hin und her und bauen emsig am Nest. Die ersten Bienen summen und suchen in den bereits erwachten Frühlingsblühern nach Aromen. Nach dem langen, kalten Winter laben sie sich an der Sonne und ihrem Lebensgeschenk aus Farben- und Duftkompositionen.

Diese Stille hier in unserem schönen Haus betört mich. Warum bin ich eigentlich von hier weggegangen, um mein Kind woanders als hier zu gebären?

Ich frage mich jetzt, weshalb ich nicht einfach in dieser Idylle mein Baby geboren habe. Die Wege wären kurz gewesen und meine Umgebung so vertraut. Platz genug gibt es ja. Doch ich musste aufgrund der Vorerfahrungen mit Mariechens Geburt das Risiko minimieren.

Ich habe mich bewusst mit meiner Beleghebamme für eine klinische Geburt entschieden, um eine wahrscheinliche Verlegung unter der Geburt auszuschließen. Das erste Mal war dramatisch genug und brauchte die Unterstützung von erfahrenen Geburtsmedizinern.

Alte Erinnerungen kamen unlängst hoch, doch habe ich sie, so glaube ich, gut verarbeitet. Mein zweites Baby kam so viel sanfter und natürlicher auf die Welt, was mich mit der ersten Geburt versöhnt hat.

Das Glucksen aus der Babyschale holt mich aus meinen Gedanken hierher. Ich packe meinen Kleinen aus der Autositzschale aus und schlurfe mit ihm in meinen Armen zu unserem Schlafzimmer. Er zieht quasi heute in sein neues Zuhause ein.

„Schau mal, Baby Jonathan, hier wohnst du jetzt, das ist dein Heim. Komm, ich leg dich erst mal aufs Bett, bis ich mich ausgezogen habe."

Hans-Thomas trägt Koffer und Taschen herein. Wir beide verweilen Arm in Arm verschlungen und halten uns. Ich spüre seine nassen Tränen auf meinen Kopf rinnen. Er flüstert ganze leise: „Herzlich willkommen daheim, meine Liebste. Ich liebe dich und unsere Kinder. Ihr seid mein Zuhause", dann überspielt er sofort die nahezu kitschig anmutende Situation: „Nun reicht's aber auch." Wir schweigen und schwelgen für einen Moment im großen, stillen Glück aus Frieden und unendlicher Zeit.

Ich streife mein Kleid aus und dusche mir den Klinikgeruch ab, um mich gleich unserem Sohn zu widmen. Ich möchte jeden Glucks, jedes Räuspern und jede Regung von ihm miterleben. Er wird bestimmt gleich durstig sein und Sicherheit in seiner neuen, anders riechenden Umgebung suchen.

Im Badspiegel erhasche ich einen Blick auf meinen nackten Mutterkörper. Ich wage es, für einen Augenwimpernschlag hinzugucken. Mein Bauch ist nicht mehr prall. Noch hat er die unverkennbare Wölbung eines Mutterbauchs, der nun leer ist.

Mit Haarturban um meinen frischgewaschenen Kopf und einem luftdurchlässigen Netzschlüpfer bekleidet, der die überdimensionale Wochenbettbinde hält, eiere ich gebückt über den Flur zurück ins Schlafzimmer zum großen Bett hin. Ich sehe weder schön noch sexy aus. Doch ich bin daheim, gelassen und frei.

Dort sitzt mein Mann, drückt sein Gesicht an den Bauch unseres Babys, das er in seine starken Arme aufgenommen hat und liebkost, als würde er sich nicht satt riechen können. Mit einer knöpfbaren leichten Bluse über dem Bustier krieche ich ganz langsam unter meine Decke.

Mein Becken und mein Körper schmerzen mich, als sei ich einen mehrtägigen Marathon gelaufen. Ich brauche dringend Erholung. Vorsorglich haben wir viele große und kleine Kissen ins Bett drapiert. Die werde ich jetzt nötig haben.

Hans-Thomas betrachtet mich mit erschöpftem Blick. Aber seine Augen zwinkern mir zu. Er staunt über meine prallen Milchbrüste, die er scherzhaft als zwei Planeten bezeichnet. Er liebt alles an mir, besonders meine natürliche Unbefangenheit. Es reicht, wenn ich mich in ein paar Monaten wieder schön für ihn und den Tag mache und herrichte. Momentan haben wir nur Augen für den Moment, für die Langsamkeit und die geistigen und leiblichen Früchte unserer Liebe.

Vor meinen Augen zieht er den kleinen Mann aus, pellt ihn etwas unbeholfen aus seinem Wollanzug und seinem Erstlingsstrampler. Fast fünf Jahre liegen zwischen Maries Geburt und dieser. Da verlernt man schon mal, wie sich so ein Neugeborenes anfasst.

Ich verfolge jeden Handgriff meines Mannes, seine großen Hände am Körper seines Söhnchens. Ich verliebe mich allein beim Anblick, mit welcher Ruhe und Zärtlichkeit Hans-Thomas mit unserem kleinen Baby umgeht. Nackt und nur mit der winzigen Windel Größe Null bekleidet, wirft Jonathan seine spinnedünnen Ärmchen reflexartig weit auseinander, sodass wir uns beide mit erschrecken. Wir müssen lachen. Wir wissen, dass das normal ist.

Mit einer dünnen Baumwollwindel als Hülle greift der frisch-geborene Papa unter das Babykörperchen und nimmt es langsam auf, stützt sein Köpfchen und küsst es zart auf seine Stirn, die vom Storchenbiss erkennbar rot markiert ist. In Zeitlupe schwebt mein Baby in den Händen seines Papas geborgen wie in einer Gondel zu mir. Ich kremple meine Nachthemdbluse hoch. Dieses Haut-an-Haut-Gefühl durchschauert mich warm und wonnig. Ich öffne mein Bustier, gebe meine Brust frei und ziehe den winzigen Babykörper an mich. Wir sind unzertrennbar eins. Hach, was für ein unbezahlbarer Augenblick. Ich seufze und sinke in meine Matratze.

Der kleine Mund steht weit offen und sucht ein bisschen Univer-salnahrung, nach flüssiger warmer Milch. Wird heute das kostbare Muttermilchgold statt tröpfchenweise ausreichend fließen? Wir bemü-hen uns, dass meine Brustwarze im Babymund bleibt und der kleine Joni andockt, ansaugt und zwar so, dass er nicht nur meine Brustwarze im Mund hält, sondern den ganzen Warzenvorhof mit umschließt. Das ist am Anfang leichter gesagt als getan. Ich weiß, dass das etwas Ge-duld und Übung braucht.

Ich zische zwischen meinen Zähnen meinen schmerzhaftesten Laut. Gott, tut das weh, es feuert. Automatisch ziehe ich mich zurück. So einen anfänglichen Andockschmerz will eigentlich niemand. Der wird bald nachlassen, habe ich von der Stillberaterin versichert be-kommen. Grrr...

Mein unbedingter Wille, mein Baby zu stillen, lässt es mich er-neut versuchen. Dieses Mal klappt's. Es tut genauso weh. Doch ich halte durch. In dem Moment der ersten Stillsaugbewegungen von Joni glaube ich, vor Feuerschmerz zu verbrennen. Schon wieder schießt mir Wasser in meine Augen, dieses Mal aus Schmerz statt aus Glück. Bis hinunter in meinen Bauch ziehen diese feurigen Flammen. Beim Ansaugen an der Brust ist meine Gebärmutter immer mitbeteiligt. Kontraktionen werden ausgelöst, sogenannte Nachwehen.

Diese sind wichtig, damit sich meine Gebärmutter Stück für Stück weiter zusammenzieht und bald wieder in ihrer ursprünglichen Zustandsgröße, so klein wie eine Faust, ankommt. Das habe ich beim ersten Mal alles nicht gewusst. Ich dachte, dass in mir etwas kaputt ist, als ich diese Bauchschmerzen in den ersten Tagen nach der Geburt erlebte. Ich dachte damals, ich müsse zurück ins Krankenhaus.

Nach wenigen Schlucken an meiner Brust spüre ich, wie mein Baby ruhig wird. Es fällt in einen Schlaf. Zeit für mich, meine Augen zu schließen und zu dösen. Sein Mündlein wird weich und lässt meine Mamille frei. Doch nach nur wenigen Atemzügen rekelt sich Jonathan erneut und sucht schon wieder die Verbindung zu mir. Also bemühen wir uns wieder gemeinsam ums Andocken und machen erneut unsere Stillversuche. Dieses Mal höre ich ein zartes Schluckgeräusch aus seiner kleinen Kehle. Ist das etwa meine Milch?

Tag 4 — Frühwochenbett

Susanne

Ich erzähle meiner Nachsorgehebamme von diesem Schluckgeräusch und von dem ersten weißen Tröpfchen, das an seiner kleinen Schnute runterläuft. Hurra, diese Freude ist riesengroß. Das weiße Gold läuft.

Dieses Mal holte ich schon in der Klinik eine Still- und Laktationsberaterin hinzu. Sie steht den Müttern rund ums Stillen zur Seite. Sie kennt sich aus und überwindet einfühlsam so manche Stillhindernisse. So habe ich es geschafft, dass mein Baby am besten an meine Brust kommt.

Ulrike

Ich bin froh, dass die bereits stillerfahrene Susanne dieses Mal ohne zusätzliche Milchpumpe auskommt. Ruhe und Sicherheit machen viel aus, dass sie sich sehr intuitiv und vor allem ungestört auf sich selbst und auf ihr Baby einstimmt. Sie isst genug. Ihr Bärenhunger ist groß. Ich stelle ihr Snackteller mit mundgerecht geschnippeltem Obst und Nüssen fein drapiert in ihre Nähe, wo sie ungehindert zugreift.

Die selbst zubereiteten Stillkugeln sind der Renner. Aus lauter guten Zutaten habe ich ihr Energiepralinen gerollt, im Vorfeld schon welche eingefrostet und für frischen Nachschub gesorgt. Wer die einmal probiert hat, schwelgt in einem Genussgefühl aus wohlig satt und gesund genährt. Rezepte dazu gibt es viele. Beste Trockenfrüchte gebe ich gern unter die Mischung aus Ghee und Chiasamen.

Kindermäulchen haben diese kleinen runden Dinger auch sehr gern. Also kommt zu jeder Portion eine Kugel für Geschwisterhände mit dazu. So ist für die Still- und Trinkpause fürs Baby, für Mama und die große Schwester gesorgt.

Hans-Thomas

Ich hole heute Marie aus der Kita ab. Obwohl sie letzte Nacht schlecht schlief, sollte sie für ein paar wenige Stunden ihren Rhythmus und eigene Spielzeit mit ihren Kitafreunden haben. Morgens nahm sie herzzerreißend Abschied von ihrem Brüderchen, wollte sich gar nicht trennen. Am liebsten wäre sie die ganze Zeit mit im Wochenbett an der Seite der Mama. Sie ist an allem interessiert, was gerade geschieht. Ihre ganze Aufregung strengt mich sehr an.

Ich möchte ihr jetzt, wo ich mir Familienzeit nehme, viel vorlesen, mit ihr erzählen und Spaß haben. Meine Gefühle überwältigen mich angesichts meiner Familie. Eine neue Ära hat begonnen und ich gebe mein Bestes.

Ulrike

An Susannes Mutterherz reißen die Emotionen, weil ihre große Tochter nicht mehr ihre ungeteilte Aufmerksamkeit bekommt. Susanne ist wachsam, hat wie viele Eltern vor möglicher Eifersucht und vor Wutausbrüchen von Marie gegenüber dem neuen Baby Angst. Sie hörte von einer Bekannten, dass ein Geschwisterkind beim Toben im Wochenbett aus Versehen aufs Baby draufgefallen sei. Es gab viel Geschrei und Schrecken auf allen Seiten. So etwas ist nicht immer vermeidbar. Deshalb braucht auch Marie Zeit zur Gewöhnung, sollte sich gesehen fühlen und ihren neuen Platz als Geschwister erlernen.

Susanne und Hans-Thomas planten schon lange im Voraus, dass Maries Kinderfrau Carola mehrfach in der Woche an den Nachmittagen da sein wird. So entsteht etwas Freiraum für die nötige Schlaf-, Ruhe- und Ritualzeit im Wochenbett. Susanne sehnt und sorgt sich ums Wohlergehen ihrer Erstgeborenen.

Das ist normal und tut zuweilen weh. Die Informationen über die sogenannte Entthronung des Geschwisterkindes sind hilfreich, ihr Verhalten zu verstehen. Das ganze Familiengefüge ist aus dem Lot. Wie ein Mobile, bei dem ein neues Teil hinzugeflochten wird, schwingt es sich in neue Positionen. Es wird Zeit brauchen, damit sich alle aneinander und das neue Leben zu viert gewöhnen.

Susanne

Ich will aufstehen und klettere ungelenk aus meinem Bett hinaus. Ich halte inne, denn ein großer Schwall Blut flutscht aus meiner Scheide in die dicke Wochenbettbinde. Ein paar Tropfen davon rinnen mir am Oberschenkel herab auf den Boden. Auch wenn es mir höchst unangenehm ist; ich kann es schon viel besser annehmen, dass Ulrike gleich mit einem feuchten Tuch die Kleckerei wegwischt. Sie ist wetterfest, wie sie mich so gern beruhigt und es anhand zahlreicher Anekdoten aus ihrem reichen Berufsleben bereits im Vorfeld bewiesen hat. Das nimmt mir meine Scham.

Wenn Lebenssäfte wie Milch, Blut und Tränen fließen, dann ist Wochenbettzeit. Dafür ist Ulrike treu an meiner Seite und jederzeit praktisch und mit ganzer Seele präsent.

Oh, jetzt sehe ich auch die roten Flecken in der Bettunterlage. Auf zum Klo, die Blase drückt. Regelmäßige Toilettengänge und Wasserlassen sind in diesen Tagen so wichtig.

Ich decke mein Baby ein bisschen zu und stopfe ihm das Betttuch in den Rücken, damit es nach dem Stillen seitlich liegenbleibt, ohne zurückzurollen. Ich werfe ihm flüchtig ein paar Worte hin, dass ich nur mal schnell aufs Klo gehe und gleich wieder da bin. Schon bin ich aus der Tür verschwunden und bitte Ulrike, für einen Moment nach dem Kleinen zu schauen, während ich mich im Bad frisch mache. Ulrike lächelt gelassen.

Ulrike
Im Badezimmer liegen wichtige Utensilien direkt greifbar neben der Toilette. Ich holte eine Spülkanne aus der Küche und legte ausreichend verschiedene Sorten Wochenbettbinden in das hübsche Körbchen, dazu noch frische Netzslips. Die Spülkanne fasst im Gegensatz zu einem mobilen Bidet, der Po-Dusche, mehr Wasser für einen angenehmen und ordentlich reinigenden Guss über die Genitalien nach dem Toilettengang.

Mit Susanne bin ich im Vorgespräch eine Liste all dieser Utensilien durchgegangen. Sie nutzt diesen Krug voll lauwarmem Wasser gerne und fühlt sich danach sauber und frisch. Mit einem kleinen Handtuch tupft sie sich trocken und legt sich eine neue Binde vor. Getrocknetes

Blut riecht übel, deswegen entsorgt die fleißige Karin die Abfalltüte mit benutzten Vorlagen regelmäßig. So bleibt das Badezimmer ein sauberer Wellnessort und kein überlaufender Sammelplatz.

Susanne

Die Frühlingssonne steht tief. Vögel singen ihre Abendlieder. Meine kleine Familie sitzt bei mir und unserem friedlich schlafenden Jonathan-Baby im Wochenbett. Ich bin zerzaust und derangiert. Das T-Shirt meines Mannes klebt fleckig und nass vom ersten Milchbäuerchen und der Wickeltisch-Urin-Taufe an ihm. Jonathan hat ihn im hohen Bogen angepinkelt. Mariechens Zopfhalter hängt verrutscht herab. Ulrike knippst intime, ungeschönte Familienfotos aus unserem unperfekten Wochenbett-Arrangement. Wir wirken zwar alle erschöpft und doch zufrieden mit dem Tag. Morgen will sie wiederkommen. Ich mag sie umarmen. Sie war mir heute eine emotionale Stütze und vor allem umsichtige Begleiterin, die mich zu jeder Zeit im Blick hatte.

Hans-Thomas

Mann o Mann, was für ein Tag. Ich war heute noch mal in der Firma, um die komplette Übergabe an meinen vorübergehenden Stellvertreter abzuschließen. Das hat lange gedauert, obwohl ich nur kurz weg sein wollte. Erst stand ich sehr unter Druck, weil ich meine Frau nicht allein lassen wollte. Doch als ich sah, in welcher Ruhe zuhause alles seinen Gang geht, dass Ulrike zuverlässig an unserer Seite ist, wagte ich diesen notwendigen Weg. Meine Frau stimmte zu, fühlte sich wegen meiner Abwesenheit weder zurückgesetzt noch allein. Es erwies sich als goldrichtig, an den aufregenden ersten Tagen in unserem neuen Leben, von einer erfahrenen Frau unterstützt und getragen zu sein. Im ganzen Haus kehrt lebendiger Frieden ein.

Das war am Anfang mit meiner kleinen Marie ganz anders. Da zitterte ich unter der Last der Verantwortung und bekam des Nachts kein Auge zu. Ich fühlte mich selbst so nackt und dieser neuen Lebenssituation hilflos ausgeliefert, dass ich schier emotionalen Stress erlebte.

Das wusste ich damals in der Form noch nicht. Erst durch das Eltern-Paar-Wochenende mit Ulrike begriff ich rückblickend, wie ich damals gefühlt habe und was ich jetzt anders angehe. Meine Sicht hat sich vollständig verändert. Meine Erfahrung lässt mich gelassener sein und mich von meinen väterlichen Gefühlen berühren zu lassen.

Ich rate jedem: Sprich mit deiner Frau über das, was du siehst und fühlst, was du bewunderst und erlebst, worüber du staunst. Das wird dir einen neuen Zugang zur Welt, zu deiner Frau verschaffen. Möglich, dass du so wie ich plötzlich erkennst, was du als Vater tun sollst, wer du als Papa wirklich bist.

Ich hatte heute einen Blitzgedanken, den ich flugs mit Ulrike teilen wollte, als meine Frau schlief. Als ich geboren wurde, hatte mein Vater sich keine Zeit für meine Mutter genommen, die mich allein versorgte. Er kümmerte sich weiter ausschließlich um seine Firma, die ich ja später übernehmen sollte. Wahrscheinlich war es damals so üblich, dass die Aufgaben so strikt voneinander getrennt waren.

Auch wenn es anstrengend ist; von dem Abenteuer hier am Wochenbett will ich keinen Moment missen. Ich bin aufgeregt und dankbar, den Lebensanfang meiner Kinder miterleben zu dürfen. Ich entdecke tiefliegende Gefühle, die Liebe zu meiner Frau und den Wert meiner Familie noch einmal ganz neu. Das ist nicht unmännlich, wie ich finde, sondern ein moderner Weg, als Mann in eine neue Vaterrolle hineinzuwachsen. Ich habe mir überlegt, in meiner Firma jedem Mann die Möglichkeiten zu verschaffen, Vaterzeit zu nehmen, am Wunder des Lebens teilzuhaben.

Ich glaube sagen zu können, dass ich eine neue Haltung entwickle: Wer das Glück hat, eine friedliche Geburt zu erleben, ein neugeborenes Baby auf dem Arm zu halten und in seine Augen schaut, entdeckt einen Frieden in sich. Mit diesem verankerten Erlebnis führst du niemals mehr Krieg gegen andere Menschen. Du legst alle Waffen nieder. Das Leben ändert sich radikal. Du verstehst mit einem Mal die Würde der Menschwerdung.

Ulrike
Die glühenden Worte von Hans-Thomas hallen noch lange in mir nach. Ich hoffe, dass er sich, so wie alle Söhne und Väter, noch Jahre später an seinen urgeburtlichen Lebenssinn erinnert.

Nun liegt eine lange, wahrscheinlich schlaflose Nacht vor den Vieren. Wenn ich morgen wieder da bin, stelle ich mich auf einen ganz besonderen Tag ein.

Energiepralinen:

Hast du Appetit auf mein Favoriten-Rezept köstlich gesunder Stillkugeln?

Tag 5 – Babyblues

Ulrike

Am frühen Morgen gehen Anrufe mit unbekannter Nummer ein, die ich erst im Laufe des Tages zurückrufe. Sie halten mich auf dem Weg zur Arbeit zu lange auf, während ich nach meinem Autoschlüssel in der Tasche krame. Anekdoten über schlüsselsuchende Frauen sind legendär. Obwohl ich immer gut vorbereitet bin, passiert mir das und ich schmunzle.

Gleich fahre ich mit gefüllter Kühltasche zur Familie, die ganz frisch in den Wochen liegt. Weil manche Morgen von Unbekanntem unterbrochen werden, führe ich stets eine stärkende Morgenroutine durch, die mich erweckt und achtsam mit mir selbst sein lässt.

Eine morgendliche stille Meditation auf meinem Sitzkissen verleiht mir mehr Wachheit und Ruhe, ja sogar innere Stabilität für den ganzen Tag. Meistens kommen inspirierende Ideen zu mir, die ich heute umsetzen darf. Über diese kleinen Lebenslichter freue ich mich immer besonders. Sie sind würzige Momente für meinen Tag.

Ich weiß vorher nie, was mich im Auftrag erwartet. Der frühlingsfrische Tag lacht einladend mit seinen jungen Baumblättern und Knospen und zarten farbenprächtigen Frühlingsblühern in den Vorgärten. Ostern will es werden. Den mir anvertrauten Schlüssel finde ich prompt in meiner großen Tasche und schließe die große Haustür auf. Drinnen ist es still und noch nachtgraublau. Die Fensterläden lassen das Frühlingslicht draußen.

Es kommt mir komisch vor. Was ist hier los? Leise rufe ich fragend ein Guten Morgen! durchs Haus, um mich bemerkbar zu machen. Vielleicht schlafen noch alle nach durchwachter Nacht mit dem Baby? Ich lege die frischen mitgebrachten Brötchen in einen Brotkorb und lausche nach oben. Hier sieht alles aus wie gestern Abend, als ich das Haus verließ. Ein paar schreckliche Gedanken schießen mir durch den Kopf, die ich schnell wieder wegdrücke.

Vorsichtig klopfe ich an der Schlafzimmertür und öffne sie einen Spalt. Das Zimmer ist verdunkelt. Morgengeruch aus abgestandener Luft und verbrauchtem Atem, getrocknetem Blut und Windelduft schlägt mir wie eine Wand entgegen.

Susanne schläft nicht, sie döst, dreht ihren Kopf heute nicht zu mir herum und lächelt mich auch nicht strahlend wie an den anderen Tagen an. Sie liegt auf der Seite, stützt ihren Kopf mit der einen Hand und hält die andere Hand locker über ihr Baby bei sich, das an der Brust saugt und bewegt träumt.

Aus ihrem aschfahlen Gesicht schaut mich ein tiefliegendes Augenpaar freudlos an. Wortlos rollen ihr stumme Tränen über die Wangen und tropfen aufs Kopfkissen. Ich setze mich an die Bettkante und lasse mich für einen Moment anrühren von dem Bild der traurigen, frischgebackenen Mutter. Ich sage nichts, schweige einen Augenblick lang mit und halte bewusst atmend die vorgefundene Situation aus.

Unten klappert eine Tür. Hans-Thomas kommt von der Kita zurück und stapft schweren, langsamen Schrittes die Treppenstufen zum Schlafzimmer hoch. Ebenso stumm und traurig wie seine Frau legt er sich in ihren Rücken hinter sie, in ganzer Montur mit seinen Jeans und seinem T-Shirt. Eine gedrückte Stimmung hat beide erwachsene Menschen ergriffen, als sei ein Trauertag. Was ist passiert?

Ganz leise gehe ich zum großen Fenster hinüber, schiebe den weißen Store zur Seite und öffne das Fenster einen Spalt. Belebende Morgenluft und Weltgeräusche des Frühlingstages dringen sachte hinein bis zum Bett, wo das Paar liegt und weint.

Susanne
Mir ist schwer ums Herz. Eigentlich müsste ich mich doch freuen, dass wir ein gesundes Baby haben, dass die Geburt so gut verlaufen ist, dass wir für alles vorgesorgt haben, dass mein Mann da ist. Ich fühle aber keine Freude. Ich bin nur schwer und so müde. Reich mir mal bitte die Taschentuchbox von dort hinten, ich komm grad nicht dran.

Ich weine. Mir tut mein ganzer Körper weh. Der ist bleiern und matschig, als sei ich vom Traktor überrollt. Und wenn ich meinen Hans-Thomas so sehe, dann wird es mir noch schwerer ums Herz. Wir sind beide down.

Schon sehr früh, noch vor Sonnenaufgang waren wir wach, betrachteten unser kleines Wesen, liebkosten es, während Marie neben uns im Elternnest fest schlief.

Wir können es nicht fassen, dass wir ein Baby haben. Wir sind überwältigt. Die Gefühlswogen sind nicht mehr zu steuern und nicht greifbar. Sie sind so hoch, dass das Glück über unser Baby über uns zusammenschlägt und uns auf den Meeresgrund runterzieht, dass wir unser Bewusstsein verlieren.

Tränenschübe erfassen uns und überrollen uns beide wie ein tobendes Meer bei Sturm, wo wir immerzu von dessen Wellen überspült und mitgerissen werden. Wie sollen wir da wieder rauskommen? Wir scheinen verloren und abgesunken.

Danke, dass du da bist, Ulrike.

Ulrike
Ich strecke meine Hände zu beiden hin und lasse mich mitbewegen. Rund um den fünften Tag nach einer Geburt ist ein vorübergehender Babyblues sehr wahrscheinlich. Ich bleibe ruhig und wachsam.

Große Lebensfragen werden heute geboren und an die Oberfläche gewälzt. Das ist ein so tiefgreifender Bewusstwerdungsprozess, der einerseits körperlich durch die hormonelle Veränderung der Mutter bedingt ist, andererseits eine große Bedeutung für das weitere Zusammenleben für das Elternpaar hat.

Verantwortung für das Aufwachsen eines neuen Menschen zu tragen, kann überfordernd sein. Sich ihrer bewusst zu werden, ist der Anfang und ein ganz kostbarer Lebensmoment, ein Schatz der Wochenbettzeit.

Wo soll es mit uns hingehen?

Wie wollen wir zusammenleben?

Was wollen wir unseren Kindern bieten?

Wie wollen wir als Eltern sein?

Alles beginnt mit dem Fühlen, mit der Empfindung, die beim Namen genannt werden will.

Ich erinnere mich an einen alten Spruch meiner Urgroßmutter: „Erst mal frühstücken und dann lösen wir Probleme." Gutes Essen, schön angerichtet, hält Leib und Seele zusammen. Ich bereite für die frischgebackenen Eltern ein fürstliches Frühstück in ihrem großen Wochenbett. Danach sieht die Welt bestimmt schon etwas anders aus.

Bevor die Nachsorgehebamme am Mittag kommt, widme ich mich den beiden. Ich setze mich hinter den frischgebackenen Papa und er rutscht nah an seine Frau heran, die ihr Baby vor sich liegen hat. Wie an einer Perlenschnur aufgefädelt, übergebe ich an Hans-Thomas eine wohltuende Schultermassage, die er auf seine Frau überträgt. Meine warmen Hände liegen auf seinem Rücken, streichen an den Oberarmen und dem Rücken herab. Ich gebe ihm Impulse, das gleiche bei seiner Frau nachzuahmen.

Susanne genießt mit wohligen Brummlauten und tiefem Ausatmen diese Berührungen, die mal kräftig knetend und dann wieder zart streichelnd sind. Ihr Mutterleib dürstet nach nährender Hautberührung, die viel tiefer greift. So streichelt sie auch ihr Baby, das die Berührungen kennen und lieben lernen wird.

Was ein Baby braucht, entdecken wir, wenn wir in uns hineinfühlen, wie wir selbst gerade angefasst und behandelt werden möchten. So einfach kann Mitgefühl sein. Still genießen alle diese angenehm butterweiche Massage. Später knüpfen sie ihre Marie mit in diese wunderbare Familienperlenkette ein.

Ich nutze die Gelegenheit, dass Hans-Thomas heute auch mit ins Wochenbett gekrochen ist. Während ich Susanne eine wirksame Bauchlage fürs Körpergespür als Rückbildungsanregung schmackhaft mache, wacht der Papa über sein Baby auf seinem nackten Oberkörper. Im Mann lösen sich Tränenschleusen. Seine großen Pranken bedecken das zarte, nackte Geschöpf. Er zieht eine warme Babydecke über seinen Sohn.

Auch Susanne schaut tief beeindruckt hinüber zu den beiden und lässt ihr Gesicht in die weiche Matratze sinken. Das erste Mal seit vielen Monaten liegt sie endlich wieder auf ihrem Bauch. Ich stopfe ihr zur Rolle gedrehtes Kopfkissen noch mal nach, damit ihre Milchbrust nicht gequetscht wird.

Susanne
Ich spüre mich, die Unterlage, mein Bett, mein nachtmuffiges Laken. Ulrike leitet mich an, nur zu spüren und meinen Atem wahrzunehmen, der in mich ein und wieder herausströmt. Unscheinbar, doch relevant. Ich hatte mich fast vergessen. Ich habe ja einen Körper, meinen Lebenstempel, in dem ich unsere Babys formte und in die Welt trug. Eine kleine Decke hüllt mich ein, die mir Ulrike zart überwarf.

Mehr als ein paar Minuten halte ich diese Lage allerdings nicht aus. Entweder schlafe ich jetzt ein oder ich drehe mich wieder um.

Weil Hans-Thomas mit Jonathan eingeschlummert ist, bitte ich Ulrike, ob sie mir eine kleine Fuß-Session geben könne. Die wünsche ich mir so sehr, seitdem sie mich damit in der Vorbereitungszeit zum ersten Mal verzaubert hat. Darüber schlafe ich tatsächlich tief entspannt ein, weil mein Körper an den richtigen Fußreflexpunkten stimuliert wird. Herrlich!

Ich scheine fest und erquickend geschlafen zu haben, als ich den schneller gehenden Atem unseres Babys höre, der auf seines Papas Brust nach seiner Nahrung sucht. Mein Geliebter schaut ihm dabei angeregt zu und lächelt mich an, als ich so verschlafen und zerzaust aus tiefem Erholungsmoment auftauche. Ulrike hat sich bereits verabschiedet. Wir hatten vereinbart, dass ich weiterschlafe.

Ulrike
Der Babybluestag wirkt noch durch den ganzen Tag. Er wird jedoch etwas gemildert durch einen langsamen Tagesrhythmus von Früh, Mittagszeit und dem Abendritual. Das entrückte Paar verankert sich in seinem wiederkehrenden Tagesablauf selbst und wird stabiler. Mit jedem Tag mehr im Frühwochenbett kommt das Elternpaar in seinem neuen Leben an. Der neue Anfang birgt einen Zauber. Alles ist aufregend und neu.

Vor allem der Mutterkörper erscheint als ein, wie ich so gern sage, enormes Energiekraftwerk für die Milchherstellung und für die Rückbildung der Gebärmutter. Die Nachwehen sind dafür existenziell. Sie werden in den ersten Tagen nach der Geburt meist durchs Stillen ausgelöst, dieser ziehende Schmerz im Unterbauch, der bei jeder Frau etwas mehr oder weniger stark auftritt, ist notwendig. Atme dich durch den Schmerz, wie du es schon von den Wehen her kennst.

Tag 6 – Hebammen-Checkup

Hebamme Christina

Ich schaue in den ersten zehn Tagen täglich nach Susanne. Dabei achte ich immer auf ihr Allgemeinbefinden und ihre Situation zuhause. Jetzt bei ihrem zweiten Kind folgt sie meinen Empfehlungen, sich viel mehr auszuruhen und tagsüber öfter hinzulegen, als sie es nach ihrer ersten Geburt getan hatte.

Sie ist auf einem guten Erholungsweg. Dank Ulrike und Karin als Unterstützerinnen ist hier viel mehr Ruhe und Entlastung drin. Das fördert natürlich ihre gesamte Gesundheitssituation.

Hier braucht es dieses Mal keine Milchpumpe, keine Stressreduktion, keine Medikamente. Hier verläuft das Wochenbett regelrecht, so wie es im Buche steht.

Da ich Hobbymusikerin bin, nenne ich meine Routineuntersuchung den sechs Wochenbett-Groove. Mein Augenmerk liegt bei jedem Besuch auf der Befindlichkeit der Mama, ihrer Brust, Konzentration auf den Bauch, auf den Beckenboden. Ihre Beine beziehe ich wegen ihrer Venen immer mit ein.

Und selbstverständlich liegt das Glück meines Berufes in den Armen der Eltern. Mit jedem Neugeborenen fühle ich mich dankbar privilegiert, einen exklusiven Job mit Lebenssinn auszufüllen. Ich arbeite mit ganzem Herzblut, wenn dazu noch angemessene Rahmenbedingungen kämen ... Von den berufspolitischen Herausforderungen als Hebamme bekommt Susanne heute nichts mit. Normalerweise streife ich existenzbedrohliche Gedanken mit meinen Schuhen an der Haustür ab.

Ich taste Susannes Bauch nach dem Fundusstand. Der Uterus ist schon weit zurückgebildet. Vier fingerbreit unterm Nabel. Die Bauchmuskulatur weist noch einen natürlichen Spalt von zwei Fingerbreit auf. Diese Rektusdiastase schließt sich normalerweise innerhalb der nächsten Wochen, kann allerdings mit gezielten Übungen später weiter positiv beeinflusst werden.

Wenn ich zum Wochenbettbesuch komme, dann liebt es die kleine Marie, mit im Bett der Mama zu sein. Sie schaut mir bei allem, was ich tue, interessiert zu. Heute wiege ich ihr Brüderchen in der Storchenwiege und stelle eine erste beträchtliche Gewichtszunahme fest. Es dauert am Anfang ein paar Tage, bis das Baby zunimmt. Zunächst verliert es ja Gewicht. Das ist kein Grund zur Sorge, sondern normal. Ich muss es jedoch im Blick haben, dass es nicht mehr als 10 % des Geburtsgewichts abnimmt. Nun hat Baby Jonathan schon aufgeholt. Das bedeutet, dass es sich ausreichend an der Brust stillt.

Ein wenig gelbe Farbe in den Augen und auf der Haut ist in den ersten zehn Tagen auch normal. Ich überwache die natürliche, physiologische Neugeborenengelbsucht und dass das Baby trotz sehr viel Schlaf ausreichend Muttermilch trinkt. Helligkeit in der Nähe eines Fensters tut ihm gut.

Heute am sechsten Tag hält mir Susanne Jonathans Nabelschnurrest hin. Marie ist total aus dem Häuschen. Sie erinnert sich noch an die Nabelschnur, die sie für ihre Puppe gebastelt hat. Nun untersucht sie den echten, vertrockneten Nabelschnurrest, an dem noch die Nabelklemme aus Plastik hängt. Die Mütterfürsorgerin hat bestimmt eine Nabelschnur-Legende parat und eine Idee, wie man den getrockneten Schnurrest aufbewahren kann.

Ich erkläre Susanne die Pflege des Babynabels, auf den sie besonders achten möge, darauf, dass er sauber und trocken bleibt. Ich schaue mir den täglich an. Dazu bin ich da.

Zum Abschluss verabreiche ich auch der Mama eine wohltuende Bauchmassage, die ich von einer in Japan lebenden Hebamme gelernt habe. Diese fördert die Rückbildung und regt gleichzeitig alle anderen inneren Organe wie z. B. den Darm an, in normale Positionen zu rutschen und ihre Trägheit aufzugeben. Ich sage gern liebevoll dazu: Danke-Bauch-Massage.

Susanne

Ulrike lässt mich viel schlafen, so oft es geht. Sie organisiert, dass sich unser Familienlebensrad täglich weiterdreht. Die Nächte sind anstrengend, weil ich mein Baby, nachdem es sich gestillt hat, hochnehmen muss. Es kommt kaum zur Ruhe und windet sich, solange es waagerecht liegt. Wie schaffe ich es, dabei weiter zu dösen?

Ulrike zeigt mir eine schrägliegende Haltung, wie ich mich und Jonathan mithilfe meines Stillkissens unter meinen Schultern und Oberarmen so hinlege, dass er gut die Brust erreicht und gleichzeitig die Bäuerchenluft aus ihm entweicht.

Tag 7 – Wochengeburtstag

Susanne

Heute ist Wochengeburtstag. Vor einer Woche setzten meine Wehen ein und ich gebar unser zweites Kind. Mir kommt es vor, als sei es eine Ewigkeit her, als sei der Kleine schon immer bei mir. Er gehört einfach dazu. Ulrike bringt überraschenderweise ein Geschenk mit. Zwischen einer Wickeleinheit und meinem zweiten Frühstück nehmen wir uns Zeit. Der Babyalltag kommt immer mehr in Schwung.

Ulrike würdigt unsere neue Familie. Sie singt ein Segenslied für unser Baby, wobei mir Tränen fließen. Wir halten inne und erleben erneut einen feierlichen Geburtsmoment. Der Kleine ist gerade erst eine Woche auf der Welt. Ich staune und freue mich sehr über die kreativ gestaltete Geburtskerze, die Jonathans Namen und Geburtsdaten ziert. Die bekommt ihren Platz neben Maries Namenskerze und unserer Familienkerze von der Hochzeit. Der frische Blumenstrauß an meinem Wochenbett leuchtet mich an.

Hans-Thomas' grandioses Blumenarrangement, womit er mich nach seinem Firmenbesuch vor wenigen Tagen überraschte, thront auf dem Wohnzimmertisch. Ich habe es mehrmals von allen Seiten fotografiert. Ein Bild davon verwende ich vielleicht für die Geburtsanzeige. Ulrike schlägt vor, später die abgetrockneten Rosenblütenblätter nicht wegzuwerfen, sondern als Potpourri in einem schönen Glas zu sammeln. Der Duft der Anfangszeit mit unserem Kind ist in den Blüten bewahrt, an die ich mich später immer wieder erinnern kann.

Durch die vielen kleinen Rituale werden wir von Ulrike aus unserer schläfrigen und gleichzeitig aufregenden Anfangszeit in eine ehrbare und bewusste Welt enthoben, die sie feierlich für uns gestaltet. Sie hält einen würdevollen Raum offen, an dem wir uns orientieren und nähren. Dankbar erinnern wir uns an so viel Schönes. Wir hatten uns bei der Vorbereitung auf die Wochenbettzeit fest vorgenommen, dass wir mehr Leichtigkeit und spielerische Freude reinbringen wollen. Das ist mit müden Knochen und den vielen herausfordernden Kleinigkeiten gar nicht so leicht umzusetzen. Doch wir bekommen die Impulse regelmäßig wie Glitzerflitter in unsere Tage eingestreut. Dann fühlt sich die Wochenbettzeit wie Babyhoneymoon im Wochenbetthimmel an.

Ich wünsche mir oft meinen Hans-Thomas in mein Bett, ganz nah zu mir. Der Wochenbettmann hat sich allerdings für seinen Vaterschaftsurlaub, auch im Amtsdeutsch als Vaterschaftsfreistellung bekannt, viel vorgenommen. Hauptsache, er ist in meiner Nähe und schaut regelmäßig nach mir.

Spätwochenbettzeit

Hans-Thomas
Den Nagel ziehe ich wieder aus der Wand, der hält nicht. Am besten eignen sich Schrauben, um den großen Bilderrahmen zu halten. Er bekommt seinen Platz unter den Erinnerungsfotos der Ahnengalerie.

Als Macher fällt es mir schwer, lange stillzusitzen oder im Bett bei meiner Frau zu liegen. Ich sehe, was im Haus alles zu tun ist. Susanne wünscht sich einerseits äußere Ordnung für ihr inneres, aufgeräumtes Wohlbefinden. Andererseits möchte sie mich oft bei sich haben, um der gemeinsamen ersten Zeit ausgiebig zu frönen und diese miteinander zu genießen. Ich verstehe das, jedoch kann ich das nicht die ganze Zeit aushalten.

Ich bin endlich mal zuhause und widme mich einigen Projekten, zu denen ich sonst nicht komme. An einem Haus gibt es immer was zu tun. Deswegen bespreche ich mein sich regendes Gewissen mit Ulrike. Sie lacht herzlich. Es kommt ihr in ihrem Beruf immer wieder das gleiche Phänomen unter. „Frauen gebären Kinder, während Männer am Nest bauen."

Es beruhigt mich sehr, dass ich nicht unnormal bin oder etwas falsch mache. Scheinbar geht es noch einigen anderen Vätern genauso. Ich tue alles für meine geliebte Frau. Ich möchte ihr jeden Wunsch erfüllen. Darüber drücke ich meine Liebe zu ihr aus. Doch momentan kann ich nicht die ganze Zeit in ihrem Feld sein.

Aber gleich gehe ich zu ihr rein, wenn sie ausgeschlafen hat. Ich sehne mich so sehr nach ihr. Sie hält die ganze Zeit schon einen Teil von mir, unser gemeinsames Baby, in ihren Armen.

Heute ist Karin wieder im Haus. Still und zuverlässig wirbelt sie zwischen Küche und Waschmaschinenkeller hin und her. Sie ist emsig und umsichtig. Wir fühlen uns absolut wohl und umsorgt. Wenn wir sie nicht hätten, gäbe es noch mehr Chaos, das uns überfordert. Zusätzlich zur neuen Familiensituation kann ich mir nicht vorstellen, auch noch den Haushalt und die Pflege meiner Frau zu übernehmen. Das würde mich an den Rand meiner Kapazitäten bringen. Wir sind glücklich über die gesamten Dienstleistungen, um die wir uns rechtzeitig kümmerten.

Ulrike sitzt bereits an der Wochenbettkante – ich geselle mich heute dazu. Wir sprechen mit Ulrike aus ganz anderem Blickwinkel über unsere Geburt als wir es vor einigen Tagen mit Christina im Geburtsnachsorgegespräch erlebten. Unsere Erzählung nimmt Ulrike in der Memo-Voice auf und bewahrt sie damit für uns. Noch kennen wir alle Details haarklein aus den Wehenstunden und der ersten Nacht, als Susanne unseren Jonathan gebar. Die Emotionen fahren wilde Achterbahn.

Wenn ich Susanne beim Erzählen anschaue, und sie mir immer wieder ihre Blicke zuwirft, erkenne ich in ihren Augen, was sie gleich sagen wird. Manchmal raunt sie nur tränenerstickte Töne oder gebärdet mit ihren Händen eine Szene nach, die sie nicht so recht in Worte fassen kann. Ich war ja die ganze Zeit an ihrer Seite und ergänze auch meine Sicht und meine Empfindungen.

Es war einfach unbeschreiblich – und doch versuchen wir die Geburtssituation in Worte zu fassen, um sie uns bewusst zu machen. Sie ist dieses Mal so ganz anders als beim ersten Mal mit Marie.

Wir bemerken, dass wir miteinander ein eingespieltes Team sind. Ich liebe meine Frau so sehr für ihre sanftstarke Art zu sprechen und zu fühlen. Ich finde sie so schön, so hübsch, so rund und weich und warmherzig. Wenn sie unser Baby anschaut, glänzt sie umgeben von Liebe, die auch auf mich strahlt. Sie blinzelt verliebt zu mir herüber.

Manchmal blitzen ein verstohlener Blick und spitzer Humor auf, dann schleudert sie einen Pfeil in meine Richtung, als wolle sie mir bedeuten: ‚Was du da alles gesehen hast, war ein Ausnahmezustand. Normalerweise pullere ich nicht wie ein Tier mitten in den Raum und raunze und grunze so.‘

Ich behalte diese Szenenbilder ganz diskret für mich und schätze meine Frau dafür, dass sie sich so wunderbar wild animalisch gebärdete. Das gehört zur Geburt dazu. Die Art hat sich nicht verändert. Ich war mir von vornherein mit ihr im Klaren darüber, dass ich etwas erleben werde, was mich schockieren oder überraschen oder sogar möglicherweise anekeln könnte.

Doch ist es nicht erstaunlich, welche Kraft in so einem ‚Weiberleibe‘, wie Ulrike immer sagt, wohnt, der sich von innen nach außen zu stülpen scheint, damit das innerste Kind tatsächlich in Fleisch und Blut geboren wird? Deshalb bin ich voll einverstanden mit allem Habitus, allen Gebärden, allem Unvorhergesehenen.

Ich würde mir wünschen, dass sich Männer bewusst entscheiden können, zur Geburt mitzugehen. Keiner soll sich verpflichtet fühlen, nur, weil es heute unter werdenden Vätern so Usus ist, dass Mann mit reingeht. Manchmal ist es sogar besser, einfach draußen tief durchzuatmen und die Frauen drinnen ihren Job machen zu lassen. Das tut der Liebe keinen Abbruch. Das muss nur gut kommuniziert werden.

Für mich hat mein Dabeisein meine Liebe und meinen Respekt für meine Frau und ihre Gabe, dass sie Leben schenken kann, enorm erweitert und gestärkt. Ich könnte vor lauter Ehrfurcht auf die Knie sinken. Das ist der einzige Satz, den ich meinem Freund erzählt habe, als ich ihm am Telefon von unserer Geburt berichtete.

Er ist mächtig stolz auf mich. Er wird mit mir zusammen das Erdloch für die Baumpflanzung ausheben, das wir anlässlich der Geburtsfeier brauchen werden. Es sei ihm eine Ehre, dabei mitzumachen. Er fühlt sich mir sehr nah, fast wie ein Bruder, den ich nicht hatte.

So werden wir bald, wenn Susanne stark genug ist, ein kleines Fest veranstalten, wo wir den jungen Baum als Lebensbegleiter und Wahrzeichen für unser Kind setzen. Ich bin schon jetzt in die Idee verliebt.

Der Impuls für die Erdlegung der Nachgeburt, also des Mutter-kuchens mit den Eihäuten und der langen Nabelschnur dran, kam von Ulrike. Sie brachte diesen Gedanken beim Erzählen der Geburts-geschichte mit ein.

In unserem Garten darf wirklich noch ein junger Apfelbaum wach-sen. Diese Idee finden wir alle gut. Vielleicht trägt er ja mal Früchte, vielleicht wirft er mal Schatten, wenn wir als alte Großeltern darunter sitzen. Wird in den Zweigen mal eine Kinderschaukel unserer Enkel-kinder hängen? Und dann wissen wir um die Bedeutung des Baumes, der wie unser Sohn zur gleichen Zeit auf und in die Erde kam und sein Geburtsgeheimnis wahrt.

Wir beide schweigen ein bisschen, betrachten unser Baby, das sich gerade rekelt und eine deutlich hörbare Luftblase in seine Windel drückt. Lachend erhebe ich mich und trage meinen Sohn zur Popo-pflege in Richtung Wickeltisch.

Ulrike und Susanne besprechen noch, dass wir unseren ausführlich dokumentierten Geburtsbericht von der Hebamme aus der Geburts-klinik anfordern können. Darin sind alle Details und Zeiten zur Geburt niedergeschrieben. Auch Ulrike überreicht uns ihre Tagebuchaufzeich-nung vom Wehentag zuhause, die wir in die Erinnerungskiste legen werden. Schließlich erzählt sie noch davon, was wann vor der Geburt bei uns zuhause gesprochen und getan wurde. Und sie schoss ja auch Fotos, als wir noch zu dritt mit dickem Bauch waren.

Nun sind die kostbaren Ereignisse mit unseren Stimmen auf-gesprochen und bewahrt. Auch kleine Details geraten leicht in Vergessenheit. Von Zeit zu Zeit wollen wir uns zurückerinnern. Kindermund ist darunter, über den wir schmunzeln. Ich habe noch im Ohr, wie unsere Marie sagte: „Oh – wenn das Baby rauskommt und die Augen zu hat, schläft es bestimmt noch".

Susanne
Ich schreibe am heutigen Abend in mein Tagebuch, dass ich sehr dankbar für diesen Moment war, erneut ganz ausführlich über meine Geburtsgeschichte zu sprechen. Mit jeder neuen Gelegenheit des Erzählens fällt mir ein klitzekleines Erinnerungsdetail mehr ein.

Ich hatte es schon fast vergessen. Nun taucht ein Bild auf, und zwar, wie mich Hans-Thomas unter den Eröffnungswehen zärtlich am ganzen Körper küsste und mit mir tanzte. Das schrieb ich zum ersten Mal ins Tagebuch. Im Wehentanz wiegte ich mich, ganz meinem Bauchgefühl hingegeben, wie eine Ausdruckstänzerin, so anmutig, so einzigartig. Ich liebe diese Erinnerungen.

Familienbesuch

Susanne
Auf meinem stummgeschalteten Handy laufen haufenweise Nachrichten ein. Unsere Freunde und Verwandten gratulieren uns zu unserem Baby. Ich schaffe es nicht, allen einzeln und ausführlich zu antworten. Ich bin unter Druck, allen die gute Nachricht von unserem Prachtkerlchen mitzuteilen. Ein Babyfoto ist zwar schnell gesendet. Doch ich wünsche mir eine würdige Ankündigung für unser neues Familienmitglied.

Mit Ulrikes Hilfe schmieden wir einen Plan für das kommende Wochenende, um alle Großeltern zu einer kleinen Babygeburtstagsfeier einzuladen. Ich habe große Bedenken, dass ich das nicht schaffe. Ich habe so gar keine Lust auf Besuche. Das habe ich nach Mariechens Geburt alles schon erlebt und war damit sehr unglücklich. Ich habe so viele Fragen beantworten müssen. Ich war einfach nur müde. Ich wollte schlafen und nur mit mir und meinem Baby sein.

Zu allem dauerte es Zeit, mich so ordentlich zu duschen und herzurichten, anzuziehen, um nicht halbnackt vor den Ältesten dazusitzen. Ich fand kein passendes zweites stillfreundliches Kleid, als das erste schon vor der Besuchszeit vom nassen Bäuerchen vollgespuckt war. Ich musste zwischendurch Milch abpumpen, was zusätzlichen Aufwand und Stress für mich bedeutete.

Die vielen Vorbereitungen auf den Besuch kosteten mich viel Zeit und Kraft. Ich mutete mir aus Unwissenheit zu viel zu. Ich buk Kuchen und musste gleichzeitig mein Baby versorgen. Ich war überfordert, meine mentale und meine körperliche Belastungsgrenze waren schnell erreicht, so dass ich immer wütender und aggressiver wurde.

Der Besuch sollte nur kurz sein. Doch vier Stunden sind für mich eine lange Zeit geworden. Das Aufräumen hinterher war schrecklich. Ich hatte nichts von dem Besuch, außer eine Menge Unordnung um mich herum und in mir drin. Ich fühlte mich gestört. Mein Mann hat das damals nicht so sensibel erlebt und wahrgenommen wie ich.

Ich hatte noch zwei Tage mit den Auswirkungen zu tun, um mich selbst zu regulieren und Mariechens aufgebrachtes Weinen auszuhalten. Eigentlich habe ich innerlich geweint. Dass sich meine rechte Brust verhärtete, kam zu allem noch obendrauf. Mein sensibler Mutterkörper ist am Lebensanfang sehr störanfällig. Am liebste würde ich ein Tattoo auf meinem Bauch und meiner Stirn tragen: Bitte nicht stören.

Ulrike kam am Sonntag früh gegen 9.30 Uhr und beruhigte uns noch einmal vor unserem großen ersten Geburtsbesuch. Gleich sehen wir unsere Eltern, die frischgebackenen Großeltern. Wir wollen ihnen unseren Jonathan vorstellen und ihn offiziell in die Familie einführen.

Als es um zehn Uhr an der Tür klingelt, zerspringt mir fast mein Herz. Hans-Thomas öffnet und lässt unsere Gäste herein. Es sind ja unsere Mamas und Papas. Jetzt selbst nicht mehr nur ihre Kinder zu sein, sondern gleichberechtigte erwachsene Menschen, ist schon ein großartiges Feeling, das ich erst mal begreifen muss.

Jetzt sind wir selbst in der Rolle verantwortungsvoller Eltern, wie wir sie in ihnen hatten. Ich bemühe mich um Fassung. Zum Glück geleitet Ulrike unsere Eltern ins Wohnzimmer und bietet ihnen Getränke an. Ihre mitgebrachten Speisen stellt sie in die Küche auf ein Buffet.

Mein Mann gibt mir ein Zeichen, holt mich aus unserem Schlafzimmer und führt mich ins Wohnzimmer zu meinem Lieblingssessel. Die Omas sind verzückt und die Opas so stolz. Das ist ihnen anzusehen. Meine Mutter schnieft ins Taschentuch.

Ich mache es mir noch etwas unbeholfen im Sessel mit Jonathan bequem so gut es geht. Mein Steißbein tut mir weh und drückt furchtbar beim Sitzen. Ich reiße mich zusammen, will jetzt durchhalten und verkrampfe etwas. Hans-Thomas sitzt beruhigend neben mir und unsere ganz aufmerksame Marie auf seinem Schoß. Ulrike nimmt auf einem Stuhl in unserer Nähe Platz.

Ulrike spricht ein paar sehr schöne Worte zu uns allen und liest ein Gedicht vor. Mir zittert immer mal wieder mein Innerstes, weil es so richtig feierlich wird. Wie noch heute z. B. in Grönland üblich, kommen die Verwandten zur Mama mit dem Baby, betrachten und berühren das neue Familienmitglied, als sei es ein wiedergeborener Ahne, sprechen Glück- und Segenswünsche aus. Weil so viele Glückstränen fließen, wirken die Stimmen der Großmütter tränengebrochen. Natürlich hat Ulrike an die Taschentücherbox gedacht und reicht sie großzügig herum, sodass wir alle erleichtert auflachen.

Ich mag mein Baby nicht aus dem Arm geben. Jonathan schlummert in seiner Babydecke eingewickelt nur mit einem Windelhöschen bekleidet. Alle bestaunen ihn in seiner ganzen Babypracht. Ich halte ihn dabei fest an mich geschmiegt. Ich will es so. Ich kann es noch nicht aus meinen Händen geben. So nackt wirkt er zerbrechlich und zart. Niemand würde da auf den Gedanken kommen, ihn einfach so aus meinem Arm zu nehmen. Ich halte ihn weiter an mich gedrückt.

Beide Opas streicheln ihrem Enkelsohn übers Köpfchen und sind beim Anblick des jüngsten Sprosses gerührt. Hans-Thomas bekommt von beiden Seiten einen anständigen Klaps und festen Griff an Schultern und Nacken, so wie Männer sich eben Anerkennung zollen.

Mein Vater streichelt mir meine Wange und spricht keinen Ton. Ich höre sein Herz voller Liebe schwingen. Ich weiß, dass er der großen Worte nicht mächtig ist. Dafür bin ich mir sicher, dass er bestimmt mit allerlei handwerklichem Geschick mit Jonathan tolle Sachen in seiner Werkstatt bauen wird. Der Gedanke daran versetzt mich augenblicklich in meine Kindheit zurück. Da hatte Papa keine Zeit für mich, war immer zu beschäftigt. Jetzt ist er im Ruhestand – und stolzer Opa eines Enkels.

Ich halte meine Rührungstränen im Zaum. Ich fühle mich geehrt, dass mein Vater mich nun als erwachsene Frau und Mutter sieht. Als wäre dieser Moment mit seiner sanften Hand an meiner Wange eine Weihe für mich, seine Tochter, auf die er stolz ist. Ich sehe es an seinem Blick, spüre es, als er sich wieder an die Seite meiner Mutter setzt, sie zärtlich in den Arm nimmt und beim Glücksweinen erbebt. Meine Eltern halten sich bei den Händen, sind verzaubert und entzückt.

Wie schön, dass sie uns ihre Geschenke überreichen. Wir packen einen sehr alten, goldenen Bilderrahmen aus, der einen handgefertigten Familienstammbaum birgt. Oma Lina hat ihn um Jonathans Namen mit ihrer Stickereikunst auf dem Leinentuch erweitert. Das alte Familienerbstück legt sie nun in unsere Hände und bittet uns, diese Tradition zu wahren und fortzuführen.

Hans-Thomas' Mama schiebt mir einen goldenen, gravierten Armreif über mein Handgelenk. Bass erstaunt schaue ich sie fragend an. Sie reicht ihn an mich weiter. Sie hatte ihn selbst vor langer Zeit von ihrer alten Tante zur Geburt von Hans-Thomas angesteckt bekommen. Der Reif steht mir gut und passt wunderbar. Ich betrachte ihn und sehe in aller Bewegtheit die Gravur: ‚Zur Ehre der starken Frauen in der Familie'. Was für ein denkwürdiges Geschenk. Eine Erinnerung an vergangene Zeiten.

Ich frage mich, warum uns diese Gaben nicht schon zu Maries Geburt überreicht wurden, sondern mit der Geburt unseres zweiten Kindes, einem Jungen?

Zu Mariechens Geburt hatten wir leider kein so schönes Familienritual zelebriert. Da trafen wir uns erst später zu einer großen Taufe. Marie bekam eine Halskette und ein Armband von ihrer Patin, Hans-Thomas Cousine, geschenkt. Heute als große Schwester wird sie reichlich mit Geschwistergeschenken bedacht. Sie hüpft vor Freude in ihr Kinderzimmer, als sie eine neue Puppe auspackt. Sogleich wird diese mit neuen Kleidchen versorgt und in den Puppenwagen gelegt.

Der kleine Jonathan erwacht. Er verschlief still die Zeit. Nun rekelt er sich, streckt seine nackten Ärmchen aus der Wolldecke und verzieht seine Schnute. Die Großmütter beobachten das sofort und kommentieren es laut. Ich spüre, wie mir die Brust zieht und die Milch zu tröpfeln beginnt.

Für ein gemeinsames Familienfoto stellen sich schnell noch alle um meinen Sessel auf, bevor ich mich zum Stillen ins Schlafzimmer zurückziehe. Unter den Blicken unserer Eltern wage ich kein entspanntes Stillen. Ich brauche dazu meine absolute Ruhe ohne Zuschauer, Zeit, mich an die neuen Umstände zu gewöhnen.

Ich hoffe, die Familie versteht es, wie ich mich jetzt entscheide. Mein Mann hilft mir auf und geleitet mich die Treppe hinauf ins Schlafzimmer. „Gut gemacht", raunt er mir leise von der Seite ins Ohr. Ich drehe mich zu ihm und bleibe auf der Treppenstufe stehen. Ich schaue ihn wortlos an. Ich ströme über vor Liebe zu ihm. Wir haben es geschafft, wovor ich so viel Angst hatte. Erleichtert fällt mein Gesicht an seine Brust. Er umarmt mich, Jonathan mitten zwischen uns. Ich schließe die Tür hinter mir und lege mich vorsichtig in meine Wochenbetthöhle zurück, ziehe mein Baby an meine Brust, das gierig trinkt. Ich bin selig.

Von unten höre ich Geräusche. Ulrike bringt mir einen großen Teller voller Leckereien vom Buffet, von dem sich nun alle lustvoll nehmen und einen Moment diese kleine Geburtstagsweihe nachklingen lassen. Ich bin froh, dass ich meine Grenzen gewahrt habe. Zur Feier des Tages machen alle zusammen einen Familienausflug in den Zoo. Somit erlebt auch Marie einen besonderen Familientag und die ganze Gesellschaft ist aus dem Haus und gut versorgt.

Großmutters Schätze

Ulrike

Oma Lina ruft bei mir an. Sie weint und möchte einen extra Beratungstermin vereinbaren. Ich unterliege als Mütterfürsorgerin der Diskretion gegenüber jedem Menschen, mit dem ich in der Familie zu tun habe. Ich arbeite zwar transparent, höre viel zu, jedoch gebe ich keine Details preis. Nur unter den beiden Partnern spreche ich offen, weil wir das vorher bis auf weiteres so vereinbart hatten. Manchmal sind die Partner froh, wenn ich als Brücke oder Mediatorin fungiere und eine Basis für Gespräche ermögliche. Kommunikation ist das stärkste Thema meiner Arbeit, und eine Frage darf dabei immer wieder beantwortet werden: Wie wollen wir miteinander umgehen, dass es uns allen gut geht?

Ihre Tochter Susanne weiß nicht, dass sie sich mir anvertraut. Das bleibt auch so.

Lina spürt, dass Susanne sie zurückweist. Eiskalt sei ihre Tochter zu ihr. Das tue weh. Das habe sie nicht verdient. Sie ist doch ihre Mutter. Mit der eigenen Mutter geht man nicht so um. Es sei unverschämt gewesen, dass sie zur Geburt nicht recht eingeladen war. Dabei hätte sie so gern geholfen. Sie fühlte sich zurückgesetzt, als wolle sie sie nicht dabeihaben.

Lina hatte vor der Geburt von meinem Grandma-Teaching gehört, bei dem all die ‚brandgefährlichen‘ Themen aufgegriffen werden, damit sich eine Großmutter-Mutter-Beziehung harmonisieren kann. An dem konnte sie aus Zeitgründen nicht teilnehmen.

In unserem sehr offenen Gespräch kochte in Oma Lina so einiges hoch. Des Nachts nach der Familienfeier kämpfte sie mit realen Erinnerungen. Sie konnte die kleine Susanne damals als Baby nicht an die Brust nehmen. Das war nicht üblich und wurde im damaligen Geburtssystem nicht gefördert. Niemand half ihr wirklich beim Stillen, so dass sie es nach drei Wochen schmerzhafter Versuche schließlich aufgab und zur Milchflasche griff. Ich, Ulrike, spüre Linas Betroffenheit und die Traurigkeit, dieses einzigartige Erleben, diese Chance vertan zu haben. Denn die ist unwiederbringlich.

Erst später im Leben begreifen Frauen die Kostbarkeit der Babyzeit, wenn die Kinder erwachsen sind und Erinnerungen auftauchen. Jede gibt ihr Bestes von sich selbst, so gut es eben gerade geht. Sein Baby überhaupt nähren zu können, ist eine Leistung. Es an der Brust zu stillen, gelingt manchmal aus verschiedenen Gründen nicht.

Wie tröste und stabilisiere ich nun Linas großmütterliche Emotionen? Eines erscheint mir wichtig: dass wir für unsere Babys Liebe entfalten, dass sie sich angenommen fühlen.

Es ist ein großer Akt, diese vielleicht kurze und verpasste Stillzeit zu betrauern. Es dauert Zeit, diese Gefühle zuzulassen, so dass sie sich wandeln können. Manchmal tauchen sie längst verdrängt erst nach Jahren oder Jahrzehnten auf. Schließlich wird es wieder fühlbar, dieses kleine Menschenwesen so nah bei sich im Arm gehabt zu haben. Spätestens in dem Moment, wenn das Enkelkindchen im Arm liegt, erneuern sich die Gefühle und vermischen sich mit Gefühlserinnerungen. Das ist nicht immer einfach zu ertragen.

Danke, Oma Lina, dass du mir von dir berichtest und dich öffnest. Deine Tränen fließen. Dein Seelenwasser spült dich frei, so dass du erst mal deine Last lösen kannst. Niemand trägt Schuld daran, dass du deine Tochter nicht gestillt hast. Was du jetzt tun kannst, ist, dir selbst zu vergeben. Du hast dein Bestes gegeben.

Du kannst auch dein Baby an der Milchflasche mit deiner ganzen Liebe überschütten. Es kommt darauf an, dass du liebst. Dein Baby spürt dein Herz und deine Worte, deine zärtlichen Berührungen. Es ist nie zu spät, einem Menschen auch noch im Erwachsenenalter zu zeigen, was er für einen bedeutet.

Zu jeder Zeit ist eine Harmonisierung möglich. Wenn du erkennst, was du lieber anders machen wolltest, dann lass Luft und Licht an deine Wunde, die dich schmerzt und sie beginnt zu heilen. Alles wird gut.

Da ist noch was, was Lina so bedrückt. Sie will sich nicht in die Beziehung von Susanne mit Hans-Thomas einmischen. Doch sie empfindet die Erziehungsweise als unmöglich. Nur wie soll sie es ihrer Tochter beibringen, dass man bei kleinen Kindern nicht alles durchgehen lassen darf? Man müsse sie doch erziehen, damit sie sich in der Gesellschaft gut betragen und gehorchen. Das würde auch Opa Ullrich sagen, der manches Mal gar keine Lust auf diese antiautoritäre Umgehensweise hat, wie er sagt. Er findet das fahrlässig und verantwortungslos.

Ich, Ulrike, erkläre Oma Lina die Sicht der neuen Generation, die nach einem anderen Prinzip und verändertem Menschenbild Kinder in die Welt begleitet als vorangegangene Generationen. Man nennt das heute bindungs- und bedürfnisorientiertes Miteinander, was sehr viele Eltern mit ihren Familien und Kindern praktizieren.

Sie gehen dabei keineswegs unbedacht vor. Jede Zeit hat ihre Herausforderungen und ihre Chancen sowie ihre Methoden. Da müsse man den jungen Familien gestatten, ihre eigenen Erfahrungen zu machen. Und auch Großeltern dürfen sich entwickeln und mit ihren Kindern und Enkelkindern mitwachsen.

Die Methoden der früheren Jahre haben möglicherweise ausgedient. Was jetzt mehr denn je zählt, ist, das Kind anzuschauen und herauszufinden, was es wirklich braucht, um sich gut zu entfalten. Schließlich trägt es alles bereits in sich, was sich entwickeln will. Dazu braucht es von allen Elternteilen Mut und Selbstreflexion und natürlich eine große Portion Vertrauen in die Kompetenz des Kindes, das seinen Weg kennt und ausprobieren wird. Es braucht dazu eine Hand, an der es sich festhalten kann, ein liebendes Herz.

Oma Lina hat als Großmama nun die Chance, sich die Welt ihrer Enkelkinder noch einmal mit ganz kindlichen Augen anzusehen. Sie muss nicht mehr erziehen. Die Zeiten sind vorbei. Großeltern haben eine besondere Aufgabe für die kleinen Enkel, nämlich als Wurzel für Kraft und Zuversicht und als Quelle der Weisheit zu dienen, den Kleinen ein Stück der Welt zu zeigen und sich selbst noch einmal erobern zu lassen vom Lachen, Spiel und Leichtigkeit des Seins. Was für ein schöner berührender Gedanke.

Oma Lina hat Lust, zu lernen und noch einmal ganz neu auf ihre erwachsene Tochter zuzugehen. Sie träumt von einer Neubegegnung und freut sich jetzt schon, sich mit anderen Großeltern zum Austausch und zum gemeinsamen Lernen zu treffen.

Oma Lina

Ich krame mir die alten Schwarz-Weiß-Fotoalben heraus, auf denen meine Susanne und ihre viel zu jung verstorbene Schwester zu sehen sind. Von ihrer älteren Schwester weiß Susanne nichts. Gott tut das weh, mich noch mal bewusst zu erinnern. Aber für meine Enkelkinder räume ich in meinem Leben auf, damit ich ihnen das Beste von mir mitgeben kann, was ich in mir trage: meine Erfahrungen und meine Liebe zum Leben.

Ich komme noch mal zu dir, Ulrike, und will meine Geburtsgeschichten mit dir teilen. Ich habe sie noch nie jemandem so erzählt. Sie sind vergraben. Früher machte man das ja nicht. Da hing viel zu viel Scham dran. Und außerdem weiß Susanne noch gar nicht, was mit ihrem ersten Vater tatsächlich geschah. Ich bin bereit, die ganze Wahrheit in einem Brief für Susanne und meine Enkel Marie und Jonathan aufzuschreiben, den sie früher oder später einmal lesen können, wenn sie bereit dafür sind. Nun mache ich zuerst in mir den Weg frei.

Wie bei einem alten Baum, dessen Wurzelwerk in faulem oder gesundem Erdreich wächst, so bereinige ich als Wurzeleltern meine Geschichte für meine Nachkommen. Die, die nach mir kommen, mögen als gesunde, reife Früchte hoch oben im verzweigten Baum reifen und sich dabei ihre Lebensenergie aus gesunden Wurzeln und kräftigem Stammbaum ziehen. Tief verwurzelte Bäume kann kein Sturm so schnell knicken. Sie wiegen sich unverbrüchlich im Wind.

Für dich, Großmama:

Liebe Großmama, ich lade dich zu einem besonderen Retreat ein.

Miteinander im Dialog

Susanne
Hilfe, Ulrike, mein Mann hat mir einen strafenden Blick zugeworfen, der mir weh tut! Als wolle er ausdrücken, warum ich immer noch im Bett rumliege und nicht langsam aufstehe, weil es mir besser gehen müsste. Jetzt bin ich den Tränen nahe.

Ulrike
Liebe Susanne! Hat Hans-Thomas das wirklich zu Dir gesagt?

Susanne
Nein, nein. Ich sah es in seinem Blick.
Und der hat mich arg verletzt.

Ulrike
Habt ihr euch beide schon darüber ausgetauscht?

Ich hole ihn gleich her. Denn eine seelische Wunde im Wochenbett vermag Wochen- und Milchfluss zu stauen. Susanne druckst vor ihrem Mann, der gerade aus dem Keller heraufgestapft kommt. Er baut an seinem Regalprojekt, das er abschließen will.

Er setzt sich ganz nah zu Susanne an die zerknautschte Bettkante, wo eine vollgespuckte Mullwindel liegt, und streckt seine Arme aus.

Hans-Thomas
Ich bin verblüfft, Susanne, was du dir zusammenreimst. Als ich vorhin aus dem Zimmer hinunter in den Keller ging, hab' ich schon meine Gedanken an mein Projekt im Kopf gehabt. Ich habe dir gewinkt und mit keiner Silbe so einen Gedanken gehegt. Ich weiß doch, wie sehr du Erholung benötigst. Es sind kaum mehr als zwei Wochen seit der Geburt vergangen. Noch nicht mal die Hälfte der Wochenbettzeit ist rum. Nimm dir alle Zeit der Welt, die du brauchst. Ich habe großes Verständnis für dich und deine körperlichen Umstände. Ich sehe, dass du verletzt bist. Ich sage dir meine Wahrheit. Was ist deine?

Susanne

In dem Moment, in dem du mich so angeschaut hast, da ist in mir eine Wunde aufgeplatzt. Es ist eine Erinnerung angesprungen. Dafür kannst du nichts, du hast es einfach nur ausgelöst. Aber weißt du: Du kennst ja meinen Vater. Und du, mein Liebster, bist eben auch männlich und rührst alles in mir an, was ich je mit Jungs und Männern in meiner Vergangenheit zu schaffen hatte. Meine Verwundung stammt wahrscheinlich von uns zuhause. Das ist schon lange her. Immer wurde gearbeitet. Tagsüber stillzusitzen oder unproduktiv zu sein, war verpönt und galt als faul. Ich solle mich nützlich machen. Das war unser Familiencredo. Da kam nichts drüber. Nur wer sich regt, tut recht.

Ach, mein Liebster, dass ich wieder etwas erkennen darf. Komm mal in meine Arme! Danke!!! Haben wir beide auch ein Familiencredo? Was hältst du davon, dass wir unser Motto so nennen: Wir sind heilsam füreinander?

Hans-Thomas

Ich füge dran, dass wir uns gegenseitig fördern. Also heilsam und förderlich!

Susanne

Unsere Blicke treffen sich. Wir ruhen ineinander. Hans-Thomas streicht mit seiner Hand eine Träne aus meinem Gesicht. Ich entspanne mich und sacke erleichtert in meinen Kissen zusammen. Ulrike bettet mich immer so angenehm, stopft mich mit Kissen im Rücken und unter den Knien aus, sodass ich gut gestützt liege. Ein tiefer Seufzer entrinnt mir. Und unser Baby seufzt gleichzeitig mit mir mit. Was für ein Wunderzeichen. Ich glaube ja, dass nichts spurlos an ihm vorbeigeht. Auch wenn er schläft, bekommt er unsere Stimmung mit. Deshalb bin ich mit jedem Wort vorsichtig, das ich in seiner Gegenwart spreche.

Ulrike

Es ist nicht egal, wie und was wir sprechen, so die allgemeinen Forschungserkenntnisse. Babys und Schlafende hören immer, was im Raum passiert. Du kannst nicht nicht kommunizieren. Sei vorsichtig und behutsam, was am Wochenbett gesprochen wird. Das Baby ist offen, ein unbeschriebenes Blatt. Ich behaupte, dass sich alles ins Unterbewusstsein des Babys einprägt. Auch wenn du es pflegst, tu es auf achtsame Weise. Sage, was du tust, und tue, was du sagst. Das verhilft deinem Jonathan, orientiert zu bleiben und sich sicher zu fühlen.

Stell dir vor, du wechselst die Perspektive und siehst mit den Augen und Ohren deines Gegenübers. Wie würde das bei dir ankommen, wie man gerade mit dir umgeht? So kommst du ins Mitgefühl. Was du nicht willst, das man dir tu', das füg auch keinem andern zu. Dieser alte kategorische Imperativ von Herrn Immanuel Kant ist schlau und weist dir mit den uralten Worten eine Richtung für deine Handlung.

Schau mal, liebe Susanne: Wenn du dein Baby auf dem Wickeltisch hast, dann ist es ja noch viel zu klein, um zu verstehen oder zu respektieren, was da gerade mit ihm geschieht. Probiere doch mal aus, wie es ist, wenn du Jonathan bei allem, was du vorhast, ansprichst und ihm erklärst, was du tust. Schau, ich zeige es dir direkt an dir, damit du einen Vergleich hast. Bitte erschrick nicht! – Ich fasse, ohne dich zu fragen, unvermittelt deinen rechten Arm, drücke ihn in eine andere Position ... – Susanne schaut mich erschrocken an – So demonstriere ich dir genau das, was deinem Baby und bei jedem von uns passiert, wenn wir ohne vorherige Ansprache unvermittelt angefasst werden. Wollen wir das? Was empfindest du?

Jetzt machen wir das Experiment noch einmal: Darf ich dich hier an deinem Bauch mit meiner Hand berühren? – Ich warte Millisekunden Susannes Einverständnis ab. Ihr Bauch ist weich, sie lässt meine Berührung entspannt zu. – Und wie war das? Susanne lächelt und empfand mich weder übergriffig noch erschrak sie. Sie wusste, was ich tue, und konnte dies nachvollziehen.

Nun machen wir das mal mit Baby Jonathan und wir beobachten genau, was bei ihm geschieht. Schau ihn dir an, liebe Susanne. Er schlummert noch ein wenig, also sage ihm, dass du ihn jetzt aufnehmen wirst und zum Wickeltisch trägst.

Flüsternd zugewandt beugt sich Susanne über ihr Baby, und fasst es behutsam an, bevor sie ihre Hände unter das kleine warme Körperchen streckt. Langsamkeit ist im Umgang mit Babys der Trumpf, das Ass im Ärmel. Emmi Pikler[1] hätte ihre Freude an Susannes Umsetzung der achtsamen Babypflege.

Jonathan rekelt sich etwas und schmiegt sich in die Hände seiner Mami. Ihr Baby nah am Körper geborgen erhebt sich Susanne selbst aus ihren vielen Kissen. Jonathan wirkt ruhig und vertrauend. Er hat keinen Grund zu protestieren, weil er weiß, dass es jetzt zur Pflege geht. Nach einem abwartenden Atemzug beugt sich die achtsame Mama langsam vor und gibt ihr kostbares Babykörperchen sanft mit den Füßen zuerst auf die von einer leichttemperierten Wärmflasche angewärmte Unterlage. Der Wärmestrahler von oben scheint für die noch kühlen Nächte genau richtig seine wärmenden Strahlen abzuwerfen. Langsam legt sie Jonathan ab und hält noch einen Moment mit ihren Händen inne, bevor sie eine Hand löst. Die andere verbleibt am Babykörper.

Auch wenn das kleine Menschlein noch nicht unsere erwachsene Sprache zu verstehen scheint, lernt es doch, über die Sprachmelodie zu vertrauen. Jetzt kommt etwas ganz Erstaunliches. Eine Entdeckung, die du mal ausprobieren kannst. Beim Abstreifen des Bodyärmels bittest du deinen Sohn um seine Mithilfe. Du wirst spüren, wenn du sein Einverständnis bekommst. Sein Ärmchen wird ganz weich und du streifst mühelos den winzigen Ärmel über sein Händchen und seinen Arm. Sollte er sein Ärmchen steif und angezogen halten, ist dein Tun bei ihm noch nicht angekommen.

---

[1] Emilie „Emmi" Pikler war eine ungarische Kinderärztin (1902-1984), die im 20. Jahrhundert neue Wege in der Kleinkindpädagogik ging. Das Pikler-Konzept beruht auf einem umfassenden Vertrauen in die Entwicklungs- und Lernmöglichkeiten der Kinder.

Das ist ein so winzig kleines Detail. Doch es vermag von größerer Bedeutung werden. Denn niemand von uns will übergriffig angefasst werden. Deshalb pflege dein Baby respektvoll und achtsam. Benenne immer, was du an seinem Körper tust. Z. B. ‚ich nehme jetzt ein nasses Schwämmchen und streiche dir damit übers Gesicht ...

Noch während ich rede, macht Susanne sofort mit.

Susanne
Achtung, es könnte lauwarm sein oder vielleicht doch zu kalt? Und jetzt putze ich dir noch deinen Popo mit dem feuchten Waschlappen sauber. Ich bin vorsichtig. Dabei lasse ich immer eine Hand an dir, an deinen Beinchen oder am Bauch, damit du dich hier so nackt liegend nicht ausgeliefert fühlst. Gleich ist es geschafft. Ich drehe dich jetzt vorsichtig auf die eine Seite und rolle dich auch wieder zurück. So ... Ich schiebe die frische Windel drunter. Ich merke schon, wie du alles ganz langsam mitmachst und dich nicht verkrampfst. Danke, dass du so prima mithilfst. Wo schaust du denn hin? Hast du das Licht entdeckt? Ja, da ist es hell. Ich ziehe dich noch fertig an, bitte mach noch einen Augenblick mit. Ok. Du weinst. Das war wohl jetzt schon genug. Dann wickle ich dich eben nur mit der Windel in deine kleine Babydecke ein und nehme dich erst mal in meine Arme. Ich verstehe dein Signal. Dieses An- und Ausziehen ist dir wohl doch zu lang und anstrengend. An Kleidung darfst du dich erst noch gewöhnen. Alles zu seiner Zeit.

Ah, da kommt dein Papa. Ich leg' dich zu ihm in die Arme. Ich muss dringend zur Toilette. Hans-Thomas, ich muss zum Klo. Bitte nimm mir unser Söhnchen ab und halte es, bis ich wiederkomme.

Susanne sagt klar und kurz, was sie braucht. Das ist für Hans-Thomas eine Wohltat, Mit der Info kann er gut umgehen, ohne zu rätseln. Er herzt sein Baby und stupst Nase an Nase.

Aufmerksames Zuhören und kurzes prägnantes Sprechen haben die beiden im Paarwochenende noch einmal aufgefrischt. Aus ihren Berufen wissen sie viel über die Bedeutung guter Verständigung.

Familienkommunikation ist voller Wünsche und Gefühle. Alle wollen gehört und gesehen werden. Heimliche Wünsche werden nicht erfüllt. Und Fehlinterpretationen entstehen im Alltag immer. Der wichtigste Mensch im Leben ist immer der, der dir gerade direkt gegenüber ist.

Wie wollen wir miteinander umgehen, dass es uns gut geht? Das muss von Zeit zu Zeit überprüft und korrigiert werden. Familienzeit bietet die Gelegenheit dafür.

Körperübungen

Susanne

Morgens will ich am liebsten liegen bleiben. Die Nächte sind aktiv. Ich stehe auf, pflege mein Baby, stille es, nehme es zum Bäuerchen auf, dann druckst es noch eine ganze Weile herum. Ich liege, dann nehme ich es wieder hoch, trage es einen Moment umher, halte es aufrecht. Ich liege, es drückt in seine Windel. Ich steh' wieder auf und wickle es mit einer frischen Windel, denn die volle ist ihm unangenehm.

Ich liege und wache. Sobald ich meinen Kopf auf meinem Kissen habe, schlafe ich komatös ein. Wie viele Minuten zwischen den Zeiten liegen, bis sich Jonathan wieder meldet, weiß ich nicht. Ich kann mir nichts mehr merken. Meine Gedanken schweben in müden Nebelschwaden. Ich funktioniere.

Schon ganz früh am Morgen wird Marie wach; so wie jeden Morgen ruft sie nach mir, klettert über alle Kissen hinweg und wirft sich stürmisch auf mich. Sie kommt so gern ganz nah zum Kuscheln heran. Ich gebe ihr mit meinem Finger auf den Lippen zu verstehen, dass das Baby schläft und sie bitte ganz leise sein möge, damit er nicht aufwacht.

Mit Engelszungen und innigster Bitte rede ich auf sie ein. Meine Wut kocht in mir hoch. Ich bin einfach nur müde und werde immer dünnhäutiger. Ich stehe mit ihr auf, nur schnell raus hier aus dem Bett, in dem unser Baby schlummert. Wenn jetzt alle auf einmal wach werden und Bedürfnisse haben, dann dreh' ich durch. Mich morgens dann um zwei weinende Kinder gleichzeitig zu kümmern, schaffe ich gerade noch nicht. – Ich muss selbst erst mal aufs Klo und schlurfe mit Marie, die an meinem Bein hängt, zum Badezimmer.

Hans-Thomas bereitet wie immer unser aller Frühstück zu. Seine Nacht war schon vor zwei Stunden zu Ende, um ein paar E-Mails zu beantworten. Ich höre oben den kleinen Menschen glucksen und weinen. Wieder stapfe ich die Treppe hinauf und nehme das Bündel mit zum Frühstückstisch, um es an meine Brust anzulegen. Jetzt habe ich nur noch eine Hand frei. Wie soll ich mich da betun? Ich kann mir weder eine Tasse Tee einschenken noch am Tisch irgendetwas in meine Müslischale füllen. Mein großer Durst und Hunger machen mich grantig. Ich stopfe fix etwas in mich hinein. Ich schaue zu meinem Mann an die Stirnseite des Tisches. Zwischen uns Marie. Er ist schon geduscht und zurechtgemacht. Ich sitze hier auf halber Arschbacke mit schmerzendem Steiß, unser Baby an der Frühstücksbrust.

Wie mag ich wohl in seinen Augen wirken, so mit zerzausten Haaren, ungeduscht und schlurfig müde? Ich wäre gerne attraktiv für ihn. Doch das muss ich mir noch für eine Weile abschminken.

Er lächelt mich an und schmiert mir ein Marmeladenbrot. Ich habe allerdings gerade Bärenhunger auf was Richtiges, was Festes: Bitte mach mir auch eins mit kräftigem Käse und Schinken. Ich könnte alles in mich reinstopfen, was ich zwischen die Finger bekomme. – Im Laufe des Vormittags beiße ich immer wieder mal von den Broten ab, zu mehr komme ich nicht.

Heute bringt mein Mann unsere Marie zur Kita, um danach die Handwerker zu beaufsichtigen, die sich um die Außenfassade kümmern. Und ich?

Karin ist bereits auf dem Weg zu uns. Ulrike hat sie klasse eingewiesen und mit ihr einen Versorgungsplan geschmiedet, der in den ersten vier Wochen nahezu täglich greift. Sie kümmert sich um den gesamten Haushalt. Was stehen geblieben ist, räumt sie weg. Was vorzubereiten ist, räumt sie hin. Sie kauft uns nach unserem Essensplan beste Zutaten ein und bereitet köstlich frische Hausmannskost zu. Ich genieße diesen Duft aus der Küche, auch wenn sie backt. So haben wir alle immer ausreichend was auf dem Tisch.

Wenn sie heute kommt, müssen wir dringend wieder das Bettzeug erneuern und gleich waschen. Alle paar Tage ist das jetzt dringend erforderlich. In der ersten Woche zuhause hat sie oft mein Laken gewechselt. Ich war häufiger durchgeblutet und die Milchspuckerei von Jonathan riecht ranzig und abgestanden. Es fallen so viele durchgeweichte Spucktücher und vollgekleckerte T-Shirts an, die irgendwie durch die Wäsche müssen.

Ich schaffe es noch nicht, die vielen Treppen mehrmals täglich rauf und runterzusteigen. Meistens habe ich Baby Joni im Arm, der sich gefühlt immerzu stillen will. Ablegen geht gar nicht. Er wird dann sofort unruhig und kann nicht schlafen, weint vor sich hin, bis er sicher meine körperliche Nähe spürt. Das ist normal für ein so junges Baby.

Später, wenn ich zu noch mehr Kräften gekommen bin und mich genügend von der Schwangerschaft und der Geburt erholt habe, will ich mein Baby auch im Tragetuch zu mir nehmen. Momentan ist es einfach noch zu belastend für mich. Das bedeutet jedoch auch, dass ich keine Hand frei habe, um mit ihm im Arm irgendetwas tun zu können.

Nicht mal die im Schwall gespiehene Milch, die im hohen Bogen über meine Schulter auf meinen Rücken und auf den Boden platscht, kann ich einfach so wegwischen. Ich fühle mich echt eingeschränkt und bin auf die Mithilfe anderer verständnisvoller Menschen angewiesen.

Ich habe gelernt, vieles liegenzulassen und Abstriche bei der Ordnung und Sauberkeit zu machen. Doch das geht nur eine kleine Weile gut. Ich fühle mich schnell unwohl.

Meine Hebamme bedankt sich zum Beispiel immer sehr gern bei Karin, Ulrike und meinem Mann, was sie alles für mich als Mama tun. Es sei wahr, dass neugeborene Mütter eine Atmosphäre der Reinheit brauchen, die sie entspannt und beruhigt. Christina sieht das und bemerkt in unserem Haus immer wieder, dass die Hilfen echt dazu beitragen, dass ich mich schonen und langsam heilen kann.

Ich brauche dieses Mal nach der zweiten Geburt noch längere und intensivere Schonzeit, die ich mir damals mit der kleinen Marie nicht genommen habe. Der Pflegeaufwand für die Kleine war viel zu groß und dauerte viele Monate und ich war nach der schwierigen Geburt gesundheitlich noch nicht genesen.

Ich hätte viel eher von diesem Recht und Anspruch auf die Dienstleistungen erfahren wollen. Doch ich war unwissend und irgendwie fiel es mir damals noch schwer, Hilfe anzunehmen. Schließlich galt in meiner Familie so eine Durchhalteparole, dass wir das schon irgendwie alles allein schaffen werden. Früher wäre doch auch alles gegangen.

Erst heute weiß ich dank Ulrikes informativer Aufklärungen, dass Frauen für die Gemeinschaft gemacht sind und sich in allen Lebensphasen gegenseitig unterstützen. Frauen sind solidarisch und pflegen Familien. Doch zu wessen Lasten? Ich wünschte, es gäbe einen adäquaten Ausgleich. Das ist ein schöner Ansatz, den ich mir ausschmücke. Nicht von ungefähr heißt es, dass es für die Kindererziehung ein ganzes Dorf braucht. Nun erziehe ich ja nicht wirklich, sondern stehe, besser liege, am Lebensanfang und bin noch nicht wieder in meiner Kraft. Ich bin froh, mir diese Unterstützung und Fürsorge zu gönnen, in die ich ebenso für meine Familie investiere.

Ulrike kündigt sich für heute Nachmittag an.

Wie immer, wenn sie zu uns kommt, schaut sie zuerst nach meinen Befindlichkeiten und meiner Gesundheit. Sie schenkt mir und meinem Körper Beachtung. Meistens massiert sie mich erst mal – damit bekommt sie mich wirklich in die absolute Ruhe und Tiefenentspannung.

Ich brauche diese Schulternackengriffe. Ich spüre die zunehmenden Verspannungen durch meine Stillhaltungen in der Nacht. Zusätzlich intensiviert Ulrike, dass ich mich beweglicher fühle. Sie zeigt mir ein paar alltagstaugliche Bewegungsabläufe, bei denen ich mich und meinen Beckenboden trotzdem schone. Auf keinen Fall soll ich mich anstrengen oder belasten. Das ist leicht gesagt.

Ich versuche viel für meine Haus- und Wochenbettengel liegenzulassen. Ansonsten spüre ich sofort mein körperliches Belastungslimit. Als würde mir alles aus meiner Scheide herausfallen, ein dumpfer Druck zieht das Innere runter. Das schmerzt mich und löst bei mir Übelkeit aus. Ich gehe auf den Fußboden runter, so wie Ulrike mir das gezeigt hat, recke im Vierfüßlerstand mein Becken in die Höhe und lege meinen Kopf auf den Händen ab. Nach ein paar Atemzügen weicht der Druckschmerz.

Ulrike zeigt mir heute, wie ich mir im Sitzen selbst guttun kann. Ich probiere es aus und bin verblüfft, wie ich auf der vorderen harten Stuhlkante einfach so aufgerichtet und schmerzfrei gerade sitze. Sie meint, das sei ganz natürlich durch die Streckreflexe der Sitzbeinhöcker ausgelöst worden, den spitzen Poknochen. Das gefällt mir, weil ich oft krumm oder gebeugt sitze. So spüre ich endlich mal wieder meine Aufrichtung.

Ich übe täglich ein bisschen mehr und erobere meinen Körper und meinen Raum um mich herum zurück.

Manchmal gehe ich in mein Zimmer, das ich mir schon vor der Geburt neu hergerichtet habe. Es sollte meine Oase werden. Doch es steht schon wieder voll mit Paketen und Geschenken und mit meiner unvollständig ausgepackten Kliniktasche.

Es klingelt. Eine bekannte Mutter aus Maries Kita stellt einen Korb voller Köstlichkeiten vor unserer Haustür ab. Sie will mir was Gutes tun und weiß noch nichts vom Mealtrain. Ich werde ihr eine Nachricht schreiben und sie zur Freundinnengruppe hinzufügen.

Als mir Ulrike die paradiesischen Speisen bringt, lese ich an jedem Gefäß ein kleines Inhalts-Zettelchen, liebevoll gestaltet und verziert. Was für ein Genuss. Ich beiße gleich in einen Muffin rein. Wunderbar. Den noch warmen Eintopf können wir gleich verwenden. Das ist prima. Ich habe nämlich so viel Hunger und Appetit, dass ich sogar zwei Mal täglich warmes Essen verschlinge.

Auch für die Nacht machen mir entweder Karin oder Ulrike einen Snackteller und belegte Brote zurecht, die ich bis zur Mitternacht vertilgt habe. Die Stillkugeln von Ulrike sind schon wieder aufgegessen. Scheinbar schmecken sie nicht nur mir.

Familienrituale

Ulrike

Warum stellen wir nur zu Weihnachten eine kleine Holzkrippe auf, wo ein frischgeborenes Baby in einem Stall bewundert wird? Weihe-Nacht ist überall da, wo in einem Haus ein Kind geboren ist.

Susanne

Ulrike bringt uns mitten im Frühjahr ein Holzhaus mit, das mein Mann mit Marie direkt kinderleicht zusammenbaut. Sie beginnen sogleich damit, neugeborene Familie zu spielen. Ich hocke mit Baby Jonathan auf der Couch, bin somit viel näher dran am Getümmel und freue mich am Spiel der beiden.

Ulrike

Das Familienhaus dient als Symbol. Ihr baut eure Familie auf stabilem Fundament eurer Werte. Baut Außenwände, damit sie euch vor äußeren Gefahren und Widrigkeiten schützen. Sie sollen kein Gefängnis sein, sondern haben große Fenster und Türen für Ausblicke und Durchgänge. Schafft euch einen Vorgarten, in den ihr nur ausgewählte Gäste einlasst, alle anderen kommen nur bis zum Gartenzaun. Fallen euch dazu bestimmte Situationen ein?

Ihr wisst, dass ihr zu viert jetzt eine Kernfamilie seid. Mögen eure Räume von eurem Dach überspannt sein und Himmelslicht und Sterne immer zu euch hindurchscheinen. Ihr seid verantwortlich, euer Haus zu halten und mit euren Werten zu gestalten.

Susanne

Ich zwinge mich zu Ruhe und Nichtstun. Mein Beckenboden streikt. Der Druck nach unten bremst mich bei allen Aktivitäten aus. Also nutze ich die Ruhezeit, die mich mein Baby lehrt, weil es viel Nähe und Körperkontakt zum Stillen braucht.

Ich suche mir einen Stift und einen großen bunten Papierkarton. Wir sind eine Quartettfamilie und leben mit unterschiedlichen Bedürfnissen zusammen. Damit wir uns alle zuhause fühlen, stellen wir unsere Familienregeln auf. Das kennen wir bisher aus Seminargruppen, wenn Regeln am Anfang verkündet und miteinander ausgehandelt werden. Familienregeln standen bei uns bisher nicht auf Papier, auch wenn sie für uns und unsere Kinder einen wichtigen Stellenwert einnehmen.

Was ist uns am Zusammenleben am allerwichtigsten, fragt uns Ulrike und setzt uns damit auf die Spur, nachzudenken.

Unsere Familienregeln

- Wir sind eine Familie.
- Jede/r einzelne und sein Bedürfnis ist wichtig.
- Wir hören einander zu. Wir lassen den anderen immer aussprechen.
- Wir sagen Bitte und Danke.
- Wir treffen uns zu unseren Mahlzeiten am Familientisch.
- Wir helfen und unterstützen uns.
- Wir schalten digitale Geräte aus, wenn wir miteinander Zeit verbringen.
- Jede/r hat ein Recht auf Alleinsein, persönliche Zeit und Entfaltung.
- Wir klopfen an eine geschlossene Tür und warten auf Antwort.
- Die Haus- und Familienarbeit wird gerecht auf alle verteilt.
- Wir gehen respektvoll und achtsam miteinander um.
- Wir sprechen nicht über andere in ihrer Abwesenheit.
- Wir sagen uns, dass wir uns liebhaben.

Auf dem großen bunten Pappkarton stehen nun die Ideen für ein paar wichtige Regeln. Und es bleibt genug Platz, um noch einige zu ergänzen. Wir probieren sie einfach aus und überprüfen nach vier Wochen, ob sie zu uns passen.

Marie unterschreibt mit ihrem Daumenabdruck aus Stempelfarbe. Wir tun es ihr gleich. Flugs weiß sie einen für alle sichtbaren Platz an der großen Wohnzimmertür, wo sie das Plakat mit Klebestreifen festmacht.

Gleich darauf holt sie aus ihrem Kinderzimmer ein paar Püppchen und Utensilien, die sie in dieses kleine Familienhaus hineinspielt. Die winzig kleine Puppenwiege stellt sie in die Mitte des Raumes und umtanzt sie laut jauchzend. Sie liebt ihr Baby Jonathan. Sie schaut herüber zu mir und lacht. Und zu ihrem Papa sagt sie ganz keck: „Papi, ich will noch so ein Brüderchen haben. Dann sind wir komplett."

Hans-Thomas schluckt und schaut irritiert zu mir herüber. Ich sehe seine bewegten Mundwinkel flattern und erkenne plötzlich seine Wut. „Was hast du?", frage ich.

Hans-Thomas
Susanne, ich muss was sagen, bevor ich platze. Einerseits finde ich es wunderbar, mit euch zusammen zu sein und zu helfen. Ich sehne mich aber nach meinem Sport. Ich muss mich endlich wieder fordern. Mir fehlen mein Hobby und meine Freunde. Weißt du was, Susanne, bei dem tollen Wetter will ich aufs Motorrad. Mein Urlaub geht zu Ende und ich hocke immer noch hier drin im Haus. Ich will irgendwas unternehmen, bevor ich nächste Woche wieder in die Firma gehe. Muss ich deswegen ein schlechtes Gewissen haben?

Susanne
Donnerwetter! Das musste raus. Jonathan beginnt im Schlaf zu weinen. Marie unterbricht ihr Spiel und schaut erschrocken. In dem lauten Ton hat sie ihren Vater noch nicht gehört. Sie drängt sich an mich und schluchzt unerträglich quietschend.

Hans-Thomas steht auf und verschwindet in den Garten. Und nun? Lässt er mich hier mit den beiden Kleinen sitzen? Ich gebe Jonathan zur Beruhigung die Brust. Mit der anderen freien Hand tröste ich Marie. Mich durchfährt ein Schreck.

Ulrike
Susanne, beide Kinder im Arm, weint jetzt auch.
Mir geht viel durch den Kopf. Was ist denn da passiert?

Drei Wochen nach der Geburt wird klar, dass sich aufgestaute Anspannungen Luft machen. Die ganzen Monate hat Hans-Thomas die schwangerschaftsbedingten Stimmungsschwankungen seiner Frau abgefangen. Er hat sich in allem sehr zurückgenommen, überall eingefügt, mitgemacht und sich liebevoll verhalten. Die Sehnsucht nach seinem gewohnten Leben und seinen Bedürfnissen brechen sich jetzt Bahn, nachdem die Geburt und die ersten Wochen gut verlaufen sind.

Mir kommen aus den vergangenen Monaten schon ein paar Momente in den Sinn, wo eigentlich erkennbar war, dass Hans-Thomas an seine Grenzen kommt.

Wie gut, dass es die beiden bis hierher geschafft haben. Das ist nicht selbstverständlich. Manche Beziehungen zerbrechen schon in der Schwangerschaft daran. Ich bin froh, dass die Unterstützung von Karin und mir Schlimmeres verhindern konnte.

Ich atme ruhig und beobachte die Situation.
Susanne wirft mir einen fragenden Blick zu. Ich nehme ihn stumm auf und werde nachdenklich. Meine aufsteigende Idee kontrolliere ich in meinem Terminkalender, der in meiner Tasche steckt.

Ich setze mich zu Susanne und warte. „Er hat recht.", sagt sie ein paar Minuten später. „Wie bekomme ich es hin, dass er sich die Auszeit nehmen kann?"

Sie staunt, als ich ihr vorschlage, kurzfristig einen Tag lang bei ihr zu bleiben, damit Hans-Thomas einen freien Tag haben kann.

Susanne schaut sich nach Hans-Thomas um, der bereits auf dem Weg zurück ins Haus ist. Er brauche eine kalte Dusche und müsse sich umziehen. Im frischen Hemd und Wassertropfen im Gesicht setzt er sich entschlossen an die Seite seiner Frau.

Ich beschließe, die beiden unter sich zu lassen. Sie können mich holen, wenn sie mich brauchen. Ich gehe in die Küche, um Abendessen vorzubereiten. Marie folgt mir. Gemeinsam bereiten wir ein Picknick mit Sandwiches und Gemüsesticks vor. Auf der Couch zu picknicken, hatte sich Marie schon lange gewünscht. Dazu gibt es Flaschenbrause und ein Bier für den Vater. Das haben sich heute alle verdient.

Hans-Thomas gesellt sich zu uns in die Küche. Er kommt auf mich zu. Mit brummbärtiefer Stimme sagt er nur ein Wort: Danke!

Ich beschließe den Tag. Es darf einfach sein. Als ich die Tür hinter mir zuziehe, dämmert es bereits. Eine Amsel singt ihr Abendlied. Ich atme hörbar lang aus und fahre auf meinem Heimweg an meinem Lieblingsrestaurant vorbei, wo ich mich schon vor einigen Tagen verabredet hatte.

Erwachsene müssen sich auch mal auseinandersetzen, manchmal leicht wie Kinder spielen und ihren Bedürfnissen nachgehen. Dann sind sie einfach glücklicher.

Baderitual

Susanne
Ich zittere, als mir eine meiner Freundinnen aufgeregt erzählt, dass sie zur Vorbereitung eines Kaiserschnittes in die Klinik überwiesen wurde. Das regt mich auf und verursacht bei mir Herzrasen. Heißt es nicht eigentlich Notkaiserschnitt? Worin besteht die Not für das Leben meiner Freundin und ihrem Bauchbaby?

Immer und immer wieder tauchen bei mir diese Gedanken auf. Noch vor wenigen Wochen war ich selbst an diesem Punkt und musste mich mit dieser radikalen Beendigung meiner Schwangerschaft befassen. Es hatte mich unfassbar traurig gemacht. Ich schien ohnmächtig zu sein. Ich wollte mich schon meinem Schicksal ergeben und geschehen lassen, was ich auf gar keinen Fall für mich und mein Baby wollte. Ich hatte einfach keine Kraft zu kämpfen, zu hinterfragen und mich weiter nach Möglichkeiten umzusehen, wie ich doch noch gesund und spontan mein Baby aus eigener Kraft gebären kann.

Ich unterlasse es, meine Freundin unnötig in Unruhe zu versetzen. Ich schweige lieber. Nur wie begegne ich ihr stattdessen? Es war doch das Beste, was mir passiert ist, dass mich Ulrike und meine Hebamme behutsam mit tiefgreifenden Fragen ermunterten.

Bin ich jetzt auch in der Lage, meiner Freundin die richtigen Fragen zu stellen, so dass sie wirklich reiflich überlegt und sich bewusst für ihre Geburtsart entscheidet?

Ich spüre ein Stück Verantwortung in mir, fühle, dass wir Frauen uns gegenseitig stärken und aufmerksam machen, uns beschützen und nähren. Ich will Worte finden, die sanft in ihr Herz dringen, die nicht wehtun, sondern sie öffnen, ihren eigenen Gebärweg zu klären und stark für sich gehen.

Wo führt das hin, wenn ich meinen Mund halte? Ich selbst durfte eine Wandlung erfahren, also möchte ich meiner Freundin ein Geschenk machen und sie vor einer zu schnellen und einfachen Entscheidung für einen Kaiserschnitt bewahren, der so viele Folgen für sie und ihr Baby hat.

Wie beseelt und kraftvoll ich jetzt durch meine eigene spontane Geburtserfahrung bin, unter natürlichen Wehen kompetent mein Baby selbst geboren zu haben, ist ein himmelweiter Unterschied zur ersten Geburt, die sehr schwierig und mit Intervention stattfand. Ich könnte jetzt die ganze Welt umarmen und Bäume ausreißen, wie man so sagt; dann doch lieber Bäume pflanzen. Bei dem Gedanken muss ich selber lachen.

Ulrike bietet mir an, die mich aufregende Außenwelt noch für eine geraume Zeit zur Seite zu schieben, bis ich mich in meiner Wochenbettzeit ausreichend stabilisiert habe.

Was ich davon halten würde, gemeinsam mit meinem Neugeborenen zu baden. Am zehnten Tag nach der Geburt hatten wir schon mit der Hebamme einen ersten Badeversuch unternommen, doch der war misslungen. Mein Kleiner fühlte sich gar nicht wohl in der Wanne. Ich schwitzte und war aufgeregt. Mein Baby war unruhig und schrie. Ich habe es eine Weile lang nicht mehr allein versucht.

Baden ist, wie ich finde, sehr aufwendig und anstrengend. Ich kann nicht so lange an der kleinen Wanne stehen und danach das Wasser auskippen und mein nasses glitschiges Baby im Badezimmer ins Handtuch wickeln. Also ließ ich es sein, mein Baby zu baden. Stattdessen wusch ich es täglich mit einem flauschigen Badeschwämmchen.

Ulrikes Erzählungen rund ums Baden verführen mich und machen mir Lust darauf. Jetzt erwärme ich mich an inneren Bildern, wie ich mit meinem Kleinen im warmen Wasser meiner Badewanne schmuse, die Leichtigkeit im Wasser fühle, alle Schwere von mir gelöst wird. Das klare plätschernde Nass ist für mich schon immer eine Wohltat gewesen, um mich zu entspannen und einfach nur geborgen zu fühlen. Ich freue mich drauf.

Die Idee des Badens im Küchenwaschbecken finde ich witzig und charmant, weil es dort die ideale Arbeitshöhe für meinen zu schonenden Körper hat. Es ist dort warm und es gibt den tiefen Wassertrog, den ich nicht ausschütten muss, sondern aus dem alles von selbst wegfließt. Ich kann mir das gut vorstellen und behalte mir das mal für künftigen Badespaß vor.

Doch nun habe ich selbst große Lust auf meine Badewanne. Ulrike bereitet alles Erdenkliche für uns vor. Meine Lochien, meine Wochenflussblutungen, sind nur noch schwach, fließen nicht mehr. Zudem kann davon nichts aus mir ins volle Badewasser fließen, der Unterdruck im Wasser verhindert das.

Ich bin aufgeregt und freu mich wie ein kleines Kind, das die Erlaubnis zum Freibadbesuch hat. Ich nehme allerdings kein heißgeliebtes Spielzeug mit, sondern mein Baby, mein kleines Kind.

Ich steige schon ein und spüre dieses wohlig warme Nass, das mich umspült und entspannt. Ich sauge den Duft des sauberen reinen Bades ein und freue mich schon auf mein über der Heizung angewärmtes, flauschiges Lieblingshandtuch.

Ulrike trägt mir meinen ins Handtuch eingekuschelten nackten Bub ins vorgeheizte Badezimmer, den sie in Ruhe auf dem Wickeltisch auszog. Ich strecke ihm meine Arme entgegen.

Das Licht des lauen Frühlings strahlt durch die große Fensterscheibe im vollen Aufblühdrang zu mir herein. Sanft lege ich mein nacktes Baby auf meine Oberschenkel und schaue ihm tief in seine weit geöffneten Äugelein. Ich lasse ihn ganz langsam mit den Füßchen, zuerst von meinen Oberschenkeln geborgen, hinunter ins Wasser gleiten. Ich bin selig, ihn so offen zu sehen und mitzuerleben, wie er das Wasser als neue und doch uralte Erfahrung genießt.

Für einen Moment schließe ich meine Augen und lehne mich zurück. Meine Rückenschmerzen lindern sich. Ulrike gießt mit einem kleinen Gefäß Wasser über meine Schultern, das prickelnd herabläuft. Fast schon wie Wellness mutet es an.

Ein bisschen schwenke ich Jonathan, sicher in meinen beiden Händen getragen, durchs Wasser hin und her. Das dürfte schon fürs Erste genügen. Ich ziehe ihn an meinen Oberkörper und reiche ihm meine Brust. Er versteht und öffnet seinen kleinen Mund weit. So eng und pur beieinanderzusein, hinterlässt Spuren voller Liebe und Geborgenheit. Joni nimmt ein paar Schlucke Milch von mir.

Leise spreche ich zu ihm:
„Ich wusste nicht, wie schön es mit dir ist, kleiner Mensch. Ich spürte Unbehagen, als du bei mir im Bauch warst und ich erfuhr, dass du ein Junge bist. Ich hatte noch keine Ahnung davon, wie das mit einem männlichen Kind sein wird. Mir fehlte die Verbindung zu dir. Dafür kannst du nichts. Doch das ist alles egal geworden und aufgehoben. Jetzt ist alles anders und neu mit dir. Du bereicherst mein Leben. Ich durfte dich gebären, du wundervolles Kind. Ich will dich mit Liebe nähren, mit Werten, die nur Licht sind. ‚Ich will dich am Händchen führen, vom Leben nur ein Stück, dir öffnen alle Türen für deinen Weg ins Glück.‘ Dieses Gedicht von Ulrike kommt mir in den Sinn.

Ulrike bleibt in der Nähe, lässt uns in intimer Zweisamkeit Mama-Nähe spüren. Nun rufe ich sie und bitte sie, Jonathan herauszuheben, damit ich in Ruhe aussteigen kann.

Ulrike
Wortlos und beseelt schwebt Susanne aus dem Bad, in ihren dicken Lieblingsbademantel eingehüllt. Ich bette sie in ihrem Schlafzimmer, lege ihr Baby wieder auf ihren nackten Körper und decke beide zu. Während sie nachruhen, bereite ich in der Küche eine leckere Mahlzeit für Susanne vor, die sie heute wieder im Bett genießen wird.

Dein Baby aus dem Badewasser zu heben und nackt auf deine Brust zu legen. Dieser glitschige Körperkontakt darf nach der Geburt noch einmal einen Neubeginn nachbilden und euch beide auf besondere Weise miteinander verbinden. Das Wasser aktiviert die Urerfahrung des Fruchtwassers, getragen zu sein im Flow des Nichts und des Alles, zeitlos zu schweben.

Wer sich schon einmal dieser Erfahrung ausgesetzt hat, erfährt tief ergreifende Gefühle. Die gegenseitigen Berührungen der Haut, der echte Ganzkörperkontakt zwischen Mutter und Baby stellt die Urerfahrung des ersten Körperkontakts wieder her, sofern es überhaupt einen gegeben hat.

Das größte Sinnesorgan eines Menschen ist die Haut. Im Tierreich würden Tiere ihre Tierkinder abschlecken. Die Hautsensorik wird angeregt und eine tiefe Verbindung angeregt. Auch der Geruch spielt bei der Bindungsherstellung eine entscheidende Rolle.

Inniger Kontakt:

Hier findest du das offizielle Merkblatt für dein Babyheilbad oder Mutter-Kind-Heilbad nach Brigitte Meissner für deinen Hausgebrauch.

Plazentaritual

Susanne

Mit Ulrike durch meine Wochenbettzeit zu gehen, fühlt sich von Mal zu Mal schöner an. Wir erreichen eine Qualität, die uns als Familie glücklich macht. Einerseits sind wir so müde, unsere Körper tun weh, weil wir nachts oft wach sind oder von Kinderfüßen gestupst werden. Das ist das Los frischgebackener Eltern. Andererseits hatten wir uns ja vorgenommen, uns durch diese erste Zeit als neugeborene Eltern begleiten zu lassen und diese geschenkte Zeit intensiv für uns als Paar zu nutzen.

Früher haben wir mal Paarseminare mitgemacht, um unsere Liebe aufzufrischen und unsere Beziehung zu pflegen. So viele Tools und Anregungen daraus blieben im Alltag auf der Strecke.

Deshalb nehme ich meine Mutterschutzzeit zum Anlass, unser Wissen aufzufrischen und umzusetzen, was wir zum Teil schon kennen. Mit Ulrikes Hilfe erleben wir, wie wir unsere Elternzeit für uns selbst und unsere Partnerschaft mit unseren Kindern gestalten. Das ist es uns wert. Ich hoffe, dass wir für unsere Sprösslinge einen guten Start ins Leben hinbekommen.

Jetzt halte ich den Urboden wieder in der Hand. Die Plazenta.
Nein, nicht ekelig, sondern magisch mutet die Urbegleiterin meines Kindes an. Ich habe oft von Frauen gehört, dass sie ihre Nachgeburt, die Plazenta, überhaupt nicht sehen wollten. Sie ließen sie im Müll der Klinik sofort entsorgen.

Ich will meine anschauen, betrachten, mich wundern und staunen. Bis jetzt lag sie unten im Eisschrank gut verstaut. Ulrike hatte mir den Tipp gegeben, sie gut zu beschriften. Es sei wohl schon vorgekommen, dass Unwissende dieses blutrote runde Fleischteil auftauten und mit Kochfleisch verwechselten. Das muss ich niemandem zumuten. Ich habe die Plazenta in einem Gefrierbeutel bewahrt.

Am Abend vor dem Ritual nehme ich sie aus dem Eis. Es ist komisch, eigenes Blut neben meine Lebensmittel zu stellen. Ich lasse etwas Platz dazwischen und lege lieber ein zusätzliches Schutztuch unter den Beutel, der bis morgen Vormittag zu Ulrikes Besuch auftaut.

Heute ist es ruhig im Haus. Mein Mann hat Marie bei der Kita abgesetzt und ist jetzt unterwegs zum Standesamt, um die Geburtsurkunde unseres Söhnchens abzuholen. Diesen feierlichen Akt lässt er sich nicht nehmen. Er ist super stolz und möchte die Urkunde höchstpersönlich überreicht bekommen. Mit zugesandter Post wäre der Vorgang zwar ohne viel Aufwand schneller abgeschlossen, doch weniger bedeutsam.

So habe ich also heute Vormittag etwas Freiraum, um mich mit Ulrike zusammen auf ein ganz besonderes Ritual einzulassen. Sie hilft mir, alle Utensilien herbeizuschaffen, und kümmert sich um Jonathan, damit ich mich auf den Akt konzentrieren kann. Ist das aufregend. Meine langen Haare binde ich zu einem Knoten auf und ziehe mir ein schönes Kleid an, das ruhig etwas fleckig werden darf.

Sie, die Ehrwürdige, der Mutterkuchen, glitscht durch meine Hände aufs Aquarellpapier. Ich halte die Nabelschnur hoch und meine Fantasie dreht auf. Als sie da so liegt, so blutig nass und platt wie eine Flunder, spüre ich nach. Sie gehört meinem Baby. Sie ist ja überhaupt der erste Teil, der sichtbar aus dem befruchteten Ei in der Schleimhaut meiner Gebärmutter gewachsen ist, um die Babyzellen zu nähren.

Ist das nicht ein Wunder? So gesehen ist sie ein Urvieh. Erst jetzt begreife ich so zwischen meinen Händen ihre Bedeutung und ihren Wert. Ohne sie wäre mein Baby ja gar nicht an mir angenabelt.

Die knorpelige Nabelschnur sieht lang, weiß-bläulich und gedreht aus. Dieser verblüffende Versorgungsschlauch hing an Babys Bauchnabel und schwebte im Fruchtwasser. Die Pipeline war also unsere sichtbare Verbindung. Wie sie sich durch die Eihaut hinein in den runden Mutterkuchen webt – sie sieht darin aus wie ein Flussdelta oder eher noch wie das Wurzelwerk eines unterirdisch weitverzweigten Baumes.

Großartig, das muss das Paradies sein, unter einem Baum wie im Schlaraffenland zu liegen und genährt zu werden.

Ich bestaune die Seite mit der Eihaut und der langen Kordel. Mit bloßen Händen hebe ich die Membran empor und stelle mir vor, dass mein Baby darin wie in einem Ballon im Fruchtwasser schwebte und nun schon gar nicht mehr reinpasst. Sie fühlt sich kalt und ledrig an. Ich ziehe dafür extra meine Gummihandschuhe aus, weil ich dieses Teil richtig spüren will.

Ich überlege sogar, mir ein Stück Eihaut abzuschneiden und über einem kleinen Rahmen zu trocknen. Wie einen Traumfänger könnte ich es aufhängen oder in meinem Geburtsschatzkästchen aufbewahren, wie ich es mit dem nekrotisierten Nabelschnurrest tue. Mir gefällt der Gedanke.

Ulrike lässt mir völlige Freiheit. Ich vertiefe mich ins Spiel mit dem Blut und dem Fleisch. In mir steigt Dankbarkeit auf, drückt sich durch mein Herz. Ich spüre Wehmut und sogar ein Stück Abschied von der Schwangerschaft mit meinem Baby. Es geht eine Ära zu Ende, die in meinem Bauch stattfand. Eine ganze, kleine Menschheitsgeschichte ist in meinem Körper geschrieben worden. Nun rinnen mir aber wirklich die Tränen. Ich begreife, welche immense Bedeutung diese Zeit für mich hatte.

Ich atme durch und trinke, Ulrike zuprostend, statt Sekt einen Schluck Stilltee, den sie mit etwas Frauenmantelkraut gemischt hat.

Jonathan ruht auf Ulrikes Armen und ist ganz nah mit am Tisch in meiner Nähe. Ich bin im völligen Vertrauen. Das bereitgelegte Aquarellpapier verzieht und wellt sich nicht. Deswegen lasse ich mir in aller Ruhe Zeit, einen blutigen Abdruck von der Plazentaseite zu machen, die an meiner Gebärmutter gehaftet hat. Der erste gelingt auf Anhieb. Überraschend stark treten die Gefäße hervor.

Ich habe Lust, die extra angeschafften Farben auszuprobieren. Schon so lange war ich nicht mehr kreativ. Ich schwenke meine Pinsel durch die Farbpalette und streiche und pinsele Gefäße und Zwischenräume nach Herzenslust an. Den heraussickernden Blutrand tupfe ich zwischendurch mit einem saugfähigen Tuch weg. Ein aufgelegtes

Aquarellpapier nimmt den Druck auf und schwupps!, was für ein künstlerisches Meisterwerk Mutter Natur gezaubert hat, bestaune ich jetzt farbenfroh und in allen Details sichtbar gemacht.

Das Bild werde ich nach dem Trocknen ganz schön rahmen lassen und aufbewahren.

Ulrike macht Fotos von mir mit meiner Plazenta und meinem Kind dabei. Diese Zeit kommt nie wieder. Ich glaube jedoch, dass ich sie hier und jetzt zutiefst genieße. Ich fülle sie mit einem unvergesslichen Moment voller Ehre und Würde für die Natur der Menschwerdung.

Übergänge

Susanne

Die Bilder der getrockneten Abdrücke stehen auf dem Sims im Wohnzimmer. Hans-Thomas befremden die Farben. Warum ich braun genommen habe, fragt mich der Ästhetikliebhaber mit missfallendem Unterton. Dass getrocknetes Blut auf Papier so aussieht, verschlägt ihm erst mal die Sprache. Er respektiert meinen Wunsch, tiefe Gefühle inniger Wochenbettmomente auszudrücken.

In wenigen Tagen schon wird unser gemeinsamer Wochenbetturlaub vorbei sein. Mir wird bang. Ehrlich gesagt, graut mir vor dem ersten Tag allein zuhause. Hans-Thomas wird morgens wieder zur Arbeit gehen und spät am Abend zurückkehren. Bislang war er täglich in meiner Nähe.

Die Verantwortung für ein so junges neues Leben wiegt schwer auf mir, dass mir meine Knie zittern wollen vor dem ersten Tag. Wer das Gefühl kennt, weiß, was ich meine.

Da ist so ein junges, zartes Lebewesen, das ich beschütze und nähre. Wie ein Muttertier bin ich mit allen Sinnen hellwach. Ich gerate unter Stress allein bei dem Gedanken des Alleinseins. Unangenehme Bilder brechen über mich herein, kriechen an meinem Rücken hoch, umklammern mit kaltem Griff meine Schultern und ich werde starr. Ich lege mein Baby sicher auf den Fußboden, damit ihm nichts passiert. Panisch schnellt mein Puls empor und rüttelt an meinen Schläfen. Ich beobachte, wie mein Atem flach wird. Ich werde doch jetzt nicht ohnmächtig? Schnell greife ich eine Stuhllehne, von der aus ich zum Sessel torkele und mich hineinfallen lasse.

Während ich meine Augen schließe, eilt auch schon Ulrike herbei und findet mich kreideblass hier im Wohnzimmer. Sie erkennt meinen Zustand. Ihre Gelassenheit wirkt auf mich. Mit ihrer beruhigenden Stimme empfiehlt sie mir, mit meinen Fingern auf meine Thymusdrüse zu klopfen, um mich selbst zu regulieren und wieder Luft zu bekommen. Sie reicht mir ein Glas frisches Wasser und saust dann davon, um mein weinendes Baby vom Fußboden aufzuheben.

Ich habe Jonathan in meinem schwachen Moment intuitiv sicher abgelegt, damit er mir nicht aus dem Arm herunterfällt. Es geht ihm gut, zum Glück. Ich strecke meine Arme nach ihm aus. Mein kleiner Liebling, komm zu Mama. Ich wollte dir nicht weh tun, wollte dich nur sichern.

Der große Wasserschluck tut gut. Ich knöpfe meine Bluse auf und ziehe mein Baby nah heran, so dass es sich beruhigt und stillt. Mein Mann schaut herein. Er war auf dem Weg in den Garten und ihm kam irgendwie etwas komisch vor. Verblüfft starrt er mich an und wechselt dann fragende Blicke mit Ulrike.

Mensch, was machst du für Sachen. Was ist denn passiert? Hans-Thomas versichert sich, dass es mir wieder etwas bessergeht und diese Attacke vorüber ist. Ob er einen Arzt anrufen soll, fragt er. Ich schüttle den Kopf, nein, den brauche ich grad nicht mehr.

Erst als Jonathan von der Brust ablässt, breche ich die lange Pause des Schweigens, schaue Ulrike an, die geduldig in meiner Nähe sitzt und wartet, bis ich etwas sagen möchte. Sie drängt mich nicht. Im Gegenteil, sie schaut mich milde und besorgt an und gibt mir alle Zeit, mich zu äußern. Was war das?

Ich versuche zu beschreiben, was mich gerade ereilt hat. Derart kenne mich schon lange nicht mehr. Ich weiß nur noch, wie ich daran dachte, dass Hans-Thomas in ein paar Tagen wieder arbeitet und ich sehr unruhig wurde. Es waren Augenblicke wie damals. Ich ängstigte mich vor der in mir hochkriechenden Angst, so wie damals nach der Geburt von Marie. Es hat Monate gedauert, mich mit den Alltagsherausforderungen zurechtzufinden, weil es so viele Stillprobleme gab und ich mich körperlich überhaupt nicht in der Lage sah, allein den Alltag zu bewältigen.

Heute schaffe ich es schon oft, mich um mich selbst zu kümmern. Doch fit bin ich noch nicht. Wie soll das nur funktionieren? Und du, liebe Ulrike, kannst ja nicht Tag und Nacht hier bei mir sein.

Außerdem ist da auch noch Marie, deren Bedürfnissen ich auch gerecht werden will. Ich kann mich nicht zerteilen. Eines von beiden muss wohl immer warten. Und wer ist zuerst dran, wenn beide gleichzeitig weinen? Das Baby versteht noch nicht, was Warten bedeutet. Und mein großes Mädchen ist noch zu klein, um immer hinter den Bedürfnissen ihres kleinen Geschwisters zurückzustehen.

Zu allem Überfluss ist mein Beckenboden so kurz nach der Geburt auch noch kein Trampolin. Das spüre ich täglich, sodass ich Jonathan noch nicht im Tragetuch umhertrage, wie ich es gern würde. Ach.

Hans-Thomas umarmt mich von der Seite. Ich liebe seine großen muskulösen Arme, an die ich mich schmiege. Ach, könnten wir doch die Zeit anhalten.

Ulrike
Ich schlage vor, nachher die Nachsorgehebamme anzurufen und ihr von der körperlichen Reaktion zu berichten. Sie ist für den regelrechten Wochenbettverlauf zuständig. Vielleicht hat sie eine Idee über den weiteren Umgang mit diesem Thema, denn sie kennt dich, Susanne, am besten. Möglicherweise empfiehlt sie, dass du dich in der Mutter-Kind-Ambulanz vorstellst. Das Programm „psychisch gesund für zwei" könnte eine gute Unterstützung bei der Bewältigung von Problemen rund um die Geburt bieten.

Für das liebevolle Paar rege ich an, sich über einen gleitenden Übergang ins Berufsleben Gedanken zu machen. Sie mögen sich bitte klare Szenarien ausdenken, wie sie sich den ersten Berufstag und die erste Woche vorstellen. Bei der Planung fließen alle Wünsche und Bedürfnisse jedes Familienmitglieds ein. Tags drauf tragen wir im Gespräch Lösungen zusammen. Ich sortiere mit den beiden ihre Ideen, die sie im Familienkalender mit klaren Aufgabenverteilungen aufschreiben.

Dieser Kniff ist wunderbar, dass Hans-Thomas sich morgens nach seiner ersten beruflichen Stunde um Marie kümmert. Beim Frühstück, eine Kleinigkeit mit großer Wirkung, schmiert er ein paar Brote für seine Susanne und bereitet sich selbst die Brotdosen für den Tag.

Susanne lacht, weil das in der Form noch keiner für sie tat. Insgeheim wünscht sie sich sogar, dass er ihr wie damals in der Schule ein paar kleine Liebesbotschaften darin versteckt. Das ist die altmodische Variante der Kurznachrichten, nur auf Papier.

Susanne
Da fällt mir ein, dass ich meinem Mann auch seinen Tag versüßen möchte. Ich suche mir ein paar Mini-Klebezettel, Liebesbotschaften für seinen Zahnputzbecher oder sein Sockenfach. Ich freue mich schon drauf, dass wir wieder mehr miteinander unsere Partnerschaft im Alltag mit Augenzwinkern auffrischen. Ich will nämlich nicht immer erst auf den Abend warten, um mit ihm unser Leben zu teilen. Ich will ihn teilhaben lassen an unserem Glück und ganz nebenbei vermeiden, dass ich mir wie ein Hausmütterchen vorkomme. Ich nehme mir vor, mich ordentlich zurecht zu machen, wenigstens meine Haare zu kämmen und geduscht zu sein, bevor er nachhause kommt. Ich will wieder mehr auf mich achten, mich nicht so gehen lassen oder verlottern.

Für die Nachmittage mit Marie habe ich unser Kindermädchen gebucht. Ich brauche noch konsequente Schonung und Entlastung bis zur achten Woche. Dieses Mal will ich mir die Zeit nehmen. Auch Karin bleibt zuverlässig in unserem Haus. Ich kann auf sie zählen. Sie pflegt unseren Haushalt so gut, dass ich entspannen kann. Da ist es nicht schlimm, wenn was kleckert oder runterfällt. Ich weiß, sie kommt. Das beruhigt mich.

Hans-Thomas
Vor mir liegt ein umfassend großer Berg Arbeit, den ich dringend sichten und abbauen muss. Er duldet keinen Aufschub. Ich werde mich voll reingeben. Für die Familie bleibt nur wenig Zeit.

Susannchen, ich sehe, du schluckst schwer. Ich will allerdings an einem Nachmittag in der Woche von zuhause aus arbeiten, administrative Aufgaben erledigen, damit ich wenigstens in eurer Nähe bin. Und an den Wochenenden unternehmen wir zusammen was Schönes. Da machen wir Ausflüge und haben ganz viel Zeit für uns.

Ulrike

Ich habe eine Bitte an euch beide. Erzählt euch täglich von euren Wünschen und sagt, wie es euch ergeht. Damit seid ihr immer auf dem Laufenden, was in dem Partner gerade vor sich geht.

Wenn du von der Arbeit heimkommst, ist es zuallererst eure Pflicht, euch als Paar zu begrüßen und euch für ein paar Minuten nur euch selbst zu widmen. Ihr seid ein Team, das die Familie gemeinsam führt. Wie war euer Tag, was hat jeder erlebt und gefühlt? Bitte erzählt euch zuerst das Positive, das Schöne, das Beglückende. Probleme beim ersten Date des Tages zu wälzen, ist keine so gute Grundlage für den Start in den Familienabend.

Unser letzter Tag

Susanne

Am letzten Tag unseres Wochenbetturlaubs wird es aufregend. Wir sind alle zuhause versammelt. Am Vormittag haben wir uns vorgenommen, ausgiebig Zeit miteinander zu verbringen, die ersten Tage mit unserem Baby Revue passieren zu lassen. Ich bin zwar sehr müde, stand letzte Nacht mehrmals auf.

Mein Kleiner hatte Bauchweh. Kinder reagieren auf äußere Eindrücke oder Einflüsse mit dem Bäuchlein. Hochnehmen, Unruhe stillen, Gespucktes wegwischen, Bäuerchen, volle Windel. Irgendwie nahm es kein Ende. Ich trug den kleinen Kerl mit hängenden Schultern schlaftrunken im Haus umher. Ganz leise, damit ich Marie und meinen Schatz nicht aufwecke. Diese Vorsicht, dass ich jeglichen Krach und Scheppern vermeiden will, strengt mich zusätzlich an.

Heute früh komme ich kaum aus dem Bett. Mein Mann lässt mich ruhen und versorgt Marie, die schon sehr zeitig den sonnigen Frühlingstag beginnt. Sie stürmt lautstark ins Zimmer und erzählt mir allerlei. Doch ich bin in meiner Schläfrigkeit für sie als Sprech- und Spielgefährtin uninteressant.

Ihr Papa schaffte es, sie mit viel Überredungskunst in den Garten zu locken, doch sie wollte ihr Brüderchen und mich in irgendeiner fantasievollen Form bei sich haben. Deswegen schrieb mein Mann in Schnörkelschrift auf das ihren rechten Arm Jonathans Namen und auf den linken meinen. Sie wagte sich mit ihren beiden Tattoos kaum zu bewegen.

Jetzt picknickt Hans-Thomas mit ihr draußen und bindet ihre Schaukel an. Marie liebt es, von ihrem Papa so schwungvoll angeschoben zu werden, dass die Füße die Zweige des in voller Blüte stehenden Kirschbaums berühren. Sie findet es wunderbar und juchzt, wenn die Blütenblätter wie Schnee zu Boden rieseln.

Was für ein Geschenk, noch eine ganze wertvolle Stunde schlafen zu können. Leise klopfen die beiden an meine Tür und bringen mir ein großes Tablett mit Frühstück ans Bett. Sie waren sogar frische

Brötchen kaufen. Mundgerechte Häppchen, herzhafte Käsestücke und süße Verführungen lasse ich mir schmecken. Sogar an das Schälchen voll Nüsse und Snacks haben sie gedacht. Die leeren Wasserflaschen an meinem Bett tauschen sie gegen volle aus. Zwischen Maries kleinen Händen thront meine Thermoskanne. An den frischen Stilltee hat mein Mann gedacht. Ach, ich fühle mich verwöhnt. Ich lasse es mir schmecken. Baby Joni rekelt sich nur ein bisschen und schlummert weiter.

Mein Schatz zieht die Vorhänge zur Seite und lässt die Morgenluft hinein. Dabei lächelt er zu mir herüber. Ich kenne ihn. Er liebt es, wenn wir uns Blicke zuwerfen und wie in früheren Zeiten durch die Augen miteinander flirten. Er hätte allen Grund wegzusehen, so verschlafen wie ich noch bin. Aber er sieht meine Seele. Er legt sich zu mir in unser großes Bett und rückt nah heran. Er vergräbt seine Nase auf meinem Bauch und zwischen meinen Brüsten. Der Platz ist gerade frei und für meinen Liebsten zugänglich. Sonst hängt der Kleine immerzu an meiner Brust oder mein Schoß ist von einem der Kinder besetzt.

Ich genieße die Nähe meines Geliebten, seinen männlichen Geruch, seinen muskulösen Körper. Ich fahre mit meinen Fingern durch seine Haare. Er atmet tief ein und aus und streichelt mich einfach so. Sein liebkosendes Gesicht berührt meine Haut. Mein verrutschtes Nachthemd gibt meinen Körper frei. Hans-Thomas streicht mit seiner flachen Hand über meinen schwabbeligen Babybauch. Er flüstert mit jedem zarten Kuss DANKE in jede meiner Dellen und Hautfalten hinein. So zart waren wir schon lange nicht mehr miteinander. Die Lust bei meinem Mann keimt auf.

Hans-Thomas
Ich weiß, wie ich mit meiner Sexualität umgehe. Ich kann gut für mich selbst sorgen. Im Moment bin ich mir einfach darüber bewusst, dass ich meine Susanne schonen und in Ruhe lassen muss.

Ich weiß aus unseren vielen intimen Gesprächen, dass sie sich einfach nur Nähe von mir wünscht. Sie genießt meine Gegenwart. Das weiß ich noch gar nicht so lange. Es erfordert von mir die völlige Kontrolle über mein sexuelles Verlangen, meine Selbstdisziplin und Körperbewusstsein. Die Beschäftigung damit hat mich wirklich erst reifen lassen. Ich konnte noch nicht immer damit umgehen. Ich habe mich mit der Verhütung beschäftigt, meine Susanne mit Empfängnisregelung.

Wir sind uns noch nicht einig darüber, wie wir im weiteren Jahr damit umgehen wollen. Hormonelle Präparate schließt meine Frau aus. Auch ich will ihr diese Mittel nicht zumuten. Lieber gehe ich den Weg, mich sterilisieren zu lassen.

So eine Vasektomie ist bestimmt nicht schlimm, nur in seiner Endgültigkeit etwas Einschneidendes, was meine Männlichkeit ankratzt. Doch letztendlich stelle ich sie mir in Aussicht. Ich habe inzwischen einige Bekannte, die ich beim Paarwochenende im Väterclub kennenlernte, die das auch nicht für ausgeschlossen halten.

Meine Frau möchte ich gerne in die Entscheidung mit einbeziehen. Ist das wirklich schon unser letztes gemeinsames Baby gewesen oder will sich noch eines mehr als Sahnehäubchen zu uns in unseren Familienverbund gesellen? Das wäre zu klären, wenn wir uns beide auf den Weg zu einer Verhütungsstrategie machen. Bis dahin werden wir den Rat unserer Hebamme befolgen: Mein weißes Gold kommt in die Tüte.

Ulrike
Es gibt so eine Art stille Liebe, die Menschen vor allem nach einer Kindsgeburt miteinander praktizieren. Dazu braucht es das Gespür füreinander und Zeit, sich auf sich selbst und den Partner einzulassen. Nackt und still ganz nah beieinanderzuliegen und dem Atem zu lauschen, löst für beide ein tiefes, befriedendes Gefühl des Miteinanders aus. Gemeinsam einen Atemrhythmus zu finden und in Wellen durchfließen zu lassen, verschafft der sexuellen Lust ein Ventil. Das ist der Beginn einer neu entdeckten Sexualität nach einer Geburts-

veränderung des weiblichen Körpers, ohne Penetration durch Finger oder Penis. Frauen wünschen sich zumeist, mehr gestreichelt zu werden, langsam und achtsam berührt zu werden, gehalten zu sein. Das verschafft ihnen tiefe Befriedigung.

Susanne

Marie kommt angestürmt. Sie hat ein Buch entdeckt, das sie unbedingt vorgelesen bekommen will. Unser Mädchen stürzt sich auf uns und drängt sich zwischen uns beide. Ich danke ihm für den tief empfundenen Moment unserer Liebe. Ich bitte ihn, sich in meinen Rücken zu setzen, so dass ich mich zwischen seine Beine hineinlehnen und Marie vorlesen kann. Derweil rekelt sich Jonathan schon und wird munter. Das war's dann wohl mit unserem Plan. Ich muss noch zum Klo und schaffe es womöglich, einen Duschstrahl abzubekommen, bevor mein Baby wieder an die Brust kommt.

Meine Familie bleibt bei ihm, solange ich im Bad bin. Ich komme sofort wieder, schnappe mir eine frische Unterhose und ein Bustier aus meinem Schrank. Wie ich es liebe, dass Karin so fleißig die vollen Wäschekörbe verräumt und die Sachen in die Schränke einsortiert. Ich genieße es. Oje, die Milch beginnt zu tropfen, ich spüre schon wenige Minuten vorab, dass Jonathan gleich trinken will. Also jetzt fix zum Bad.

Ulrike

Es fühlt sich stressig an, alle Dinge in den Zwischenzeiten erledigen zu wollen, solange das Baby ruhig ist oder schläft. Das Warten auf das nächste Babyzeichen macht unruhig und lässt uns die Dinge schneller erledigen als gewohnt.

Es ist ratsam, trotzdem langsam zu gehen, auf den eigenen Atem zu achten, sich selbst wahr zu nehmen. Atme lange aus und lass die Schultern mal sinken. Geh in Ruhe zur Toilette. Presse niemals schnell deinen Urin oder Stuhl heraus. Das ist für deinen Beckenboden eine Tortur und für dein Stresslevel eine Peitsche. Eliminiere deine Antreiber. Es ist dein Leben, keine Flucht!

Du wirst bald entdecken, dass die Wochenbettzeit von einer ganz anderen Uhr abgelesen wird als von der uns wohlbekannten. Wenn du denkst, dass du heute nichts geschafft hast, wenn die Sonne untergeht, dann erlaube dir, dankbar zu sein. Du hast einen ganzen Tag lang geatmet und gelebt, hast dein Baby beschützt, genährt und gepflegt hast. Ihr seid am Leben.

Und wenn dir am Abend ein Lächeln im Gesicht steht, du an den neuen Herausforderungen nur langgeschrammt bist statt zerbrochen, dann sei milde mit dir und erkenne dich an. Du bist eine Meisterin, eine Muttermeisterin.

Langsamkeit ist dein Trumpf. Bedenke doch, dass das Lebenspendel erst nach und nach in Schwung kommt, vom Startpunkt der Geburt, wo für einen Moment lang die Weltenzeit stillsteht.

Gönne dir die Ruhe. Übe Gelassenheit und entdecke die Langsamkeit des Augenblicks. Das Geschenk darin ist die Tiefe des Moments, den du himmelhochjauchzend dankbar durchfühlst.

Ausblicke

Susanne

Ich schwitze. Mir rinnen Schweißperlen unterm Arm lang. Ich bin sehr früh wach und stehe zeitig auf. Ich hoffe, dass ich es ins Badezimmer schaffe, solange Hans-Thomas noch im Haus ist und sich sicherheitshalber um die Kinder kümmert, falls gleich unpassenderweise unser Baby wach wird. Ich will vorbereitet sein. Schnell ziehe ich mir was über und laufe hurtig die Treppe hinunter.

Woher hab' ich das nur, dass ich alles geregelt brauche? Meine innere Kontrolleurin hat alles im Blick und im Griff. Heute früh ist es arg. Schon vor sieben Uhr klebt mein erstes T-Shirt am Körper. Diese verdammten Antreiber, die mir wie kleine Männlein auf den Schultern sitzen und mir in die Ohren flüstern. Sie wiederholen ständig: Werde endlich fertig. Sei perfekt. Mach schnell.

Einen Moment lang nimmt mich mein Mann zwischen Müsli und Marmeladenbrot in die Arme, so wie früher, als wir nur Marie hatten. Hans-Thomas schaut mir tief in die Augen, küsst mich sanft auf meine Stirn, schenkt mir väterlichen Halt und männliche Stärke, die ich in ihm finde. Er ist der Fels in der Brandung meiner aufgewühlten Emotionen.

An seinem ersten Arbeitstag nach dem Wochenbetturlaub ist mein Mann sehr zeitig aufgestanden. Seine Hemden hatte Karin akkurat gebügelt. Mit der Arbeitsmappe unterm Arm, dem Handy in der Tasche, der Brotdose in der einen Hand und Marie an der anderen machen sich die beiden auf den Weg.

Wie vorausgedacht läuft alles wie am Schnürchen. So hatten wir es uns ausgemalt und besprochen. An diesen Fahrplan halten wir uns. Das gibt mir Sicherheit. Hans-Thomas bringt Marie zur Kita und fährt dann weiter zur Arbeit. Mein warmes Essen wird geliefert und steht praktischerweise draußen vor der Tür in unserer Empfangsbox für Pakete, Post und Lieferungen wettersicher.

Ulrike

Morgens, wenn ich mich auf den Tag zu ‚meiner Familie' einstelle, greife ich intuitiv in meine Schatzkiste. Ich bereite Tools und Mitbringsel sowie Impulse für den Tag vor. Heute Mittag besuche ich Susanne. Ich weiß vom schwierigen Übergang, vom ersten Tag allein daheim. Der löst bei nahezu jeder Frau Unbehagen aus und verunsichert. Ich mag sie heute nicht allein lassen.

Pünktlich wie verabredet habe ich die Anfahrt durch den Straßenverkehr ohne Stau und Notfälle am Telefon geschafft. Manchmal passiert auch das. Ich sage deswegen vorher immer: Wo es menschelt, bin ich nicht auf die Minute pünktlich. Ich drehe den mir überlassenen Schlüssel im Schloss herum, nachdem ich unser Zeichen an der Tür klopfe, um niemandes Schlaf zu stören.

Susanne

Ich liege auf der Couch und stille mein Baby. Die fertige Waschmaschine piepst, der Geschirrspüler öffnet sich nach getaner Arbeit wie von Geisterhand selbstständig, am Handy surrt eine Nachricht herein. Seufzend lächle ich Ulrike an, die sich zu mir setzt. Sie weiß, wie sehr ich auf sie gewartet habe. Ich mag ihre Anwesenheit, weil sie mir oft zuerst eine Massage schenkt. Nachdem sie sich wie gewohnt zuerst ihre Hände wusch, streift sie mir meine Socken von den Füßen und umgreift meine Fersen. Ach, wie wohl mir das tut. Ich werde gehalten.

Mit ein paar kräftigen Griffen drückt Ulrike die richtigen Areale, die in mir unendliches Wohlbefinden auslösen. Ich atme tief bis zu den Lungenspitzen ein. Und dann schnaufe ich lang und geräuschvoll aus. Irgendwie weicht meine morgendliche Anspannung aus meinen Knochen heraus. Ich bin bewegt und begreife, dass sich die erste schöne Zeit so sehr dem Ende entgegen neigt.

Ulrike

Erinnerst du dich, liebe Susanne, wie du dir noch in der Schwangerschaft wünschtest, dass doch bitte die ersten Wochen nach der Geburt schon vorbei sein mögen, weil diese schmerzhaften Erfahrungen eintreten könnten? Nun ist es soweit und du hast die Zeit mit Bravour geschafft.

Noch liegen ein paar Tage Spätwochenbettzeit vor dir. Lass uns einen Zwischenstand markieren und die kommende Zeit planen.

Auf dem Küchentresen steht eine Kühltasche mit Lebensmitteln von einer Freundin Susannes, die beim Mealtrain mitmacht. So haben die Freundinnen, die den Blessingway mit Susanne feierten, Anteil an ihrem neuen Leben, ohne aufdringlich zu sein. Sie würden sie zwar alle liebend gern besuchen, doch dann bekäme die frischgebackene Mama weniger Ruhe und Schlaf. Besuche werden erst jetzt, nach und nach, in die Tagesplanung eingeflochten.

Susanne
Ach, Ulrike, danke, dass du da bist. Schau mal, wie viel mein Bub trinkt. Er hängt seit gestern ständig an meiner Brust und kommt kaum zur Ruhe. Könnte es der erste Wachstumsschub sein, von dem so viel berichtet wird? Es ist wahnsinnig anstrengend für mich, weil ich mich ausgesaugt fühle. Als würde so gar nichts mehr in meiner Brust sein.

Ich komme mir sehr weich und leer vor. Im Verhältnis zum Stillanfang, als meine Brust ballonartig prall war, sind sie jetzt wie hängende Lappen. Das sei auch normal, beruhigt mich Ulrike. Das pendelt sich nach jedem Wachstumsschub nach wenigen Tagen wieder ein. Mutter Natur hat an alles gedacht.

Nur manchmal bin ich verunsichert, obwohl ich alles schon einmal durchlebt habe. Doch bei diesem Baby ist wieder alles anders als beim ersten. Zum Glück habe ich genug Liebe für den kleinen Kerl. Wie geht's denn weiter?

Ich will meiner Mama erlauben, dass sie uns für ein paar Tage unterstützen kommt. Doch dafür möchte ich einiges im Vorfeld bedenken und klären. Ulrike, schmiedest du mit mir einen Plan? Hast du eine Idee, wie ich das anstelle, ohne sie zu verletzen?

Ich wünsche mir Respekt, mehr achtsamen Abstand und dass sie mich nicht mehr wie ihr Kind, sondern als ihre erwachsene Tochter, als Frau und Mutter wahrnimmt. Nach einigen Abwägungen rufe ich meine Mutter an und spreche mit ihr die Besuchszeit ab. Sie ist einverstanden, dass sie in der Gästewohnung übernachtet, die unsere Freunde uns für fünf Tage zur Verfügung stellen. Die liegt 15 Gehminuten entfernt. Wir haben damit alle unsere Ordnung.

Mir wird leicht ums Herz, als ich meine Wünsche klar ausspreche. Das fällt mir in Beziehung zu meinen Eltern immer noch schwer, obwohl ich im Berufsleben eine gestandene, führende Frau bin. Ich bin stolz auf mich, diesen Schritt heute gemeistert zu haben.

Während sich Ulrike heute um die Haushaltsmaschinen kümmert und neben mir einen nahezu überlaufenden Wäschekorb mit trockener Kinder- und Babywäsche zusammenfaltet, fülle ich eine Visionskarte aus. Ich liebe diese kleinen runden Kärtchen von Ulrike, auf die ich meine einzelnen Schritte hin zu einem Ziel notiere.

Ich sammle meine Gedanken ein:
Über die Schulanmeldung für unsere Marie nachdenken, eine Entscheidung für die Schulart treffen und eine Betreuung für mein Baby organisieren, die zu seinem Wesen passt. So eine Organisation muss man heutzutage schon ein Jahr vorher angehen. Ich liebäugle mit der Betreuung durch eine Tagesmutter.

Jedenfalls brauche ich eine neue Kinderfrau, die mir regelmäßig in diesem Elternjahr den Rücken freihält. Unsere bisherige Nanny hat angedeutet, dass sie ins Ausland will. Da muss ich für eine Eingewöhnung mit mindestens zwei Monaten rechnen. Marie und unser Baby sollen genug Zeit dafür bekommen.

Dann muss ich unbedingt eine Entscheidung an meine Firma kommunizieren, wie lange ich in Elternzeit bleiben werde. Sie wollen planen und wissen, wann ich wieder einsteige. Darüber bin ich mir noch nicht im Klaren. Wenn ich mir dieses kleine wunderbare Wesen so anschaue, bin ich sehr verliebt. Es in andere Hände zu geben, fällt mir im Traum nicht ein. Doch wie soll ich gleichzeitig Beruf und mein Mutterherz in Einklang bringen?

Das werden drei Themen in den nächsten Wochen sein, denen ich mich mit Ulrikes Impulsen intensiver widmen will. Professionell darüber nachzudenken, spornt mich an, gute Lösungen zu finden.

Ulrike
Meine Zeit mit der Familie neigt sich bald dem Ende. Ich gebe daher gern die langfristige Aufgabe, nach einer neuen Vision für das erste Babyjahr zu suchen. Im überschaubaren Zeitraum wird ein neues Ziel anvisiert. Denn mit der Geburt und der Wochenbettzeit ist eins erreicht. Nun hält die Familie nach einem neuen Vorhaben Ausschau, auf das sie sich im ersten Lebensjahr mit Jonathan einfach schon freuen.

So ein Jahr ist schnell vorbei, manchmal viel zu schnell. Jeder Tag ist kostbar. Babys Meilenstein-Entwicklung vollzieht sich rasch. Bewusst jeden Tag wahrzunehmen, die wertvollen Momente zu genießen und zu zählen, kann die Zeit reich machen und intensivieren.

Was hältst du davon, liebe Susanne, jeden Abend am Familientisch mit Marie und Hans-Thomas einen Moment gemeinsam die heiteren und die doofen Erlebnisse des Tages zu zählen? Nehmt euch z. B. ein Gefäß mit euren selbst gesammelten Muscheln und Steinchen vom letzten Meeresurlaub. Jedes Tageserlebnis wird berichtet und zu jedem legt ihr ein Symbol in die Schale. Am nächsten Tag ist wieder alles auf Anfang.

Wenn ihr wollt, lasst euch kleine Spiele miteinander einfallen. Ihr werdet es lieben, euch zuzuhören und seid gemeinsam immer auf dem Laufenden. Für Baby Jonathan darf das natürlich jemand übernehmen, bis er selbst für sich spricht. Bald beginnt er, sich zu drehen, erstmalig bewusst zu lächeln, zu brabbeln.

Susanne schaut glücklich. Sie vernascht einen zweiten Teller der leckeren Rote-Linsen-Frikadellen mit Quarkdip, einen grünen Salat und zusätzlich eine Schokomousse. Die Frau hat gesunden Appetit.

Schließlich ist sie ein wandelndes Milchkraftwerk, eine Liebesquelle und vor allem eine heilruhende Wöchnerin.

Das Kindermädchen bringt heute Marie nach Hause und bleibt bis zum Abend. Sie eröffnet Susanne, dass sie sich entschieden hat, in zwei Monaten als Au-pair ins Ausland zu gehen. Ich überlege laut, ob ein Au-pair nicht auch hier im Haus eine feste Installation sein könnte.

Während der verbleibenden Tage bekommt Susanne all meine Impulse, die sie für die Visualisierung ihres Elternjahres braucht. Auch Hans-Thomas wird, so gut es geht, in das wöchentliche Paargespräch eingebunden. Familienteambesprechungen sind unabdingbar und nützlich.

Susanne genießt die Zeit. Sie nimmt sich genug Raum für ihre Gesundung und folgt allen Hinweisen zum schonenden Verhalten, macht regelmäßig ihre Dehn- und Rekelübungen, geht spazieren und singt ganz viel mit ihrem Baby.

Sie tanzt so gern und pfeift drauf, was sie alles nicht darf. Sie macht einfach zuhause jeden Tag einen Freudentanz mit sich selbst und ihren Kindern. Wenn ihr Mann am Abend heimkommt, ist sie glücklich, weil sie sich ihren Tag bewusst und kraftspendend gestaltet hat.

So ist Hans-Thomas zuhause entlastet. Er kommt in ein gemachtes Nest. Er füllt seine aktuelle Rolle als Ehemann und Vater gut aus. Er gibt sich Mühe, den Chef Chef sein zu lassen und ganz weich und menschlich zu sein, sich emotional um seine Familie zu kümmern und an deren Entwicklung teilzunehmen. Seinen Ausgleich findet er in seinem Sport und unter Freunden, die er nur selten sieht. Aber sie verabreden sich untereinander für gemeinsame Familienaktivitäten.

Woche um Woche geht es Susanne besser und sie erstarkt zunehmend und erobert ihren Raum zurück.

Ihre Intuition sendet Signale zwischen Rückkehr oder Abkehr von ihrer bisherigen Arbeit, wo die Kolleginnen sie mit ihrer Führungsstärke bald im Job zurück erwarten. Obwohl sie sich noch nicht klar entschieden hat, legt sie für sich einen neuen Maßstab fest:

Die Geburten ihrer Kinder und ihre tiefgründigen Erlebnisse haben ihr Leben vom Kopf auf die Füße gestellt. Sie will sich neu ausrichten, künftig nur das zu denken und zu tun, was ihr sinn- und wertvoller Beitrag für ein lebenswertes Leben sein kann.

Wenn sich Susanne Freunde und Familien einlädt, dann wahrt sie ihre Belastungsgrenzen. Dann tankt sie vorher bewusst für diese Zeit auf – am liebsten auf der neuen Gartenbank am frisch gepflanzten Apfelbäumchen.

Liebe Frau:

Hast du jetzt Lust auf deine Mutterreise voller Wehenschätze? Dann freue ich mich auf dich.

Ein Wort zum Schluss

„The hand that rocks the cradle rules the world."
„Die Hand, die die Wiege wiegt, regiert die Welt."

Geburt bedeutet die größte Grenzerfahrung für eine Mutter, die Leben schenkt und die sie das Leben kosten kann. Wie kostbar und aufopferungsvoll diese Anfangszeit ist, habe ich in der Geschichte erzählt. Für Eltern ist es essenziell, dass wir ihnen mit Respekt und Unterstützung begegnen.

Wir alle zusammen tragen Verantwortung für die Gesundheit der Mütter, Väter und Familien. Für Mütter zu sorgen, ist zu jeder Zeit wichtig, nicht erst in der Not. Die Weichen für ein ganzes Leben werden am Anfang gestellt. Wenn wir für das warme und sichere Nest einer Familie sorgen, so wird diese Wiege eine liebevollere Zukunft sichern.

Das Fundament unserer Gesellschaft wird vom Umgang mit Müttern und Vätern bestimmt. Hier stehen auch Arbeitgeber mit ihrer Unternehmenskultur zur Förderung von Familien in besonderer Verantwortung.

Es ist für uns Frauen von immenser Wichtigkeit, zusammenzustehen. Bleib nicht allein! Wenn du Hilfe brauchst, sprich darüber. Schließ dich an. Vernetze dich.

„Schau dich um, wir sind alle Schwestern, Töchter, Mütter und Großmütter". Wir sind viele. Wir sollten uns umeinander kümmern, einander wertschätzen. Der Respekt, den wir einander zollen, bedeutet Achtung und Ehrfurcht vor dem Leben zu wahren.

Ute Richter

Ute Richter — Die Mütterfürsorgerin

Als hebammengeschulte Mütterpflegerin und FamilienLotSinn®-Expertin mit langjährigen Lehr- und Lernerfahrungen bin ich reifer, einsichtiger und heiler geworden. Und ich bin heute die Frau, die ich selbst beim Mutterwerden gebraucht hätte.

In meinem ersten Expertenbuch webe ich mein Feingespür und natürliches Frauenwissen in die sich entfaltende Geschichte einer Frau, die ihr intimes Körper- und Seelenleben beim Mutterwerden offenbart. Jeder neue Lebensanfang birgt vielfältige Herausforderungen, die du bewusst und achtsam meistern kannst.

Seit über zehn Jahren setze ich mich leidenschaftlich für eine wertschätzende Wochenbettkultur ein. Respekt und Würde im Umgang mit Müttern liegen mir am Herzen. Denn sie tragen einen neuen Menschen in die Welt. Deshalb spreche ich als Autorin von einer neuen, gelebten Mütterethik. Die Qualität des gelungenen Lebensanfangs für Mütter ist unser aller Kulturgut.

Ute Richter

DIE MÜTTERFÜRSORGERIN

Vielen Dank

an alle Menschen, die zum Gelingen
dieses Buches beigetragen haben.